# Kauderwelsch

Ba[illegible]

Kauderwelsch

# Scots

# die Sprache der Schotten

Manfred Malzahn

**Kauderwelsch Band 86**
**Scots - die Sprache der Schotten**
**von Manfred Malzahn**

**Reise Know-How Verlag Peter Rump GmbH**
Osnabrücker Str. 79
D-33649 Bielefeld



**2. Auflage 1999**
ISBN 3-89416-277-5

**Bearbeitung:** Alexander Schwarz
**Umschlag & Gestaltung:** Peter Rump
**Fotos:** Manfred Malzahn, außer S. 46 + 62: Wolfram Schwieder
**Druck & Bindung:** Fuldaer Verlagsanstalt GmbH, Fulda



Dieses Buch ist in jeder Buchhandlung der BRD, Österreichs, der Schweiz und der Niederlande erhältlich. Bitte informieren Sie Ihren Buchhändler über folgende Bezugsadressen:
**BRD:** Prolit GmbH, Postfach 9, D-35461 Fernwald (Annerod) und die Barsortimente
**Schweiz:** AVA-buch 2000, Postfach 27, CH-8910 Affoltern
**Österreich:** Mohr Morawa GmbH, Sulzengasse 2, A-1230 Wien
**Benelux:** Assimil Benelux, 5-7 Rue des Pierres, B-1000 Bruxelles

Wer im Buchhandel kein Glück hat, bekommt unsere Bücher **auch direkt** bei:
Rump Direktversand, Heidekampstr. 18, D-49809 Lingen (Ems).

Der Verlag will die Kauderwelsch-Reihe ausbauen und **sucht Autoren** für:
Balinesisch, Rätoromanisch, Spanisch für Peru und Weißrussisch

# Inhalt

## Kauderwelsch-Sprechführer sind anders!

Warum? Weil sie Sie in die Lage versetzen, wirklich zu sprechen und die Leute zu verstehen.

Wie wird das gemacht? Abgesehen von dem, was jedes Sprachbuch bietet, nämlich Vokabeln, Beispielsätze etc., zeichnen sich die Bände der Kauderwelsch-Reihe durch folgende Besonderheiten aus.

Die **Grammatik** wird in einfacher Sprache so weit erklärt, daß es möglich wird, ohne viel Paukerei mit dem Sprechen zu beginnen, wenn auch nicht gerade druckreif.

Alle Beispielsätze werden doppelt ins Deutsche übertragen: zum einen **Wort-für-Wort,** zum anderen in "ordentliches" Hochdeutsch. So wird das fremde Sprachsystem sehr gut durchschaubar. Denn in einer fremden Sprache unterscheiden sich z. B. Satzbau und Ausdrucksweise recht stark vom Deutschen. Ohne diese Übersetzungsart ist es so gut wie unmöglich, schnell einzelne Wörter in einem Satz auszutauschen.

Die **Autorinnen** und **Autoren** der Reihe sind Globetrotter, die die Sprache im Land selbst gelernt haben. Sie wissen daher genau, wie und was die einfachen Leute auf der Straße sprechen. Deren Ausdrucksweise ist nämlich häufig viel einfacher und direkter als z. B. die Sprache der Literatur.

Besonders wichtig sind im Reiseland die **Körpersprache, Gesten, Zeichen und Verhaltensregeln,** ohne die auch Sprachkundige kaum mit Menschen in guten Kontakt kommen. In allen Bänden der Reihe wird darum besonders auf diese Art der nonverbalen Kommunikation eingegangen.

**Kauderwelsch-Sprachführer sind keine Lehrbücher, aber viel mehr als Sprachführer!** Wenn Sie ein wenig Zeit investieren und einige Vokabeln lernen, werden Sie mit ihrer Hilfe in kürzester Zeit Informationen bekommen und Erfahrungen machen, die "taubstummen" Reisenden verborgen bleiben.

# Vorbemerkung

Dieses Buch ist in erster Linie für Schottlandreisende mit englischen Grundkenntnissen gedacht. Wer in der Schule gelerntes Englisch redet, wird von allen Schotten verstanden werden und braucht sich nicht krampfhaft zu bemühen, Scots zu sprechen. Von ausländischen Besuchern in Deutschland erwartet man ja auch kein Mecklenburger Platt oder Ostfriesisch. Zum Verstehen des Gegenübers ist jedoch oft Hilfe nötig, und die soll hier gegeben werden – für das Begreifen sowohl des Wortsinns wie auch schottischer Lebens- und Denkweisen.

Fast alle der in diesem Buch vorgestellten Wörter und Ausdrücke kennt man im gesamten Sprachgebiet des Schottischen. Von den Regionaldialekten werden nur zwei kurz behandelt.

# Aussprache

Zur Wiedergabe der Aussprache wurden in *kursiver Schrift* soweit als möglich deutsche Buchstaben oder Buchstabenverbindungen benutzt. Es steht also zum Beispiel ein *sch* in der Lautschrift für den Anfangslaut in „schön“.

Abweichungen und Besonderheiten gegenüber dem Englischen und in den verschiedenen Dialekten werden später aufgezeigt. Unterschiedlich zum Deutschen sind zum Teil die folgenden:

## Selbstlaute

| | |
|---|---|
| *a* | wie ‚a‘ in ‚acht‘ |
| *â* | wie ‚a‘ in ‚aber‘ |
| *å* | wie ‚o‘ in ‚fort‘ |
| *åå* | langes å, wie ‚a‘ in ‚Callgirl‘ |
| *ai* | wie ‚ei‘ in ‚ein‘ |
| *e* | wie ‚e‘ in ‚eng‘ |
| *ê* | wie ‚e‘ in ‚er‘ |
| *è* | wie ‚e‘ in ‚genau‘ |
| *ei* | wie ‚ey‘ in ‚hey‘ |
| *i* | wie ‚i‘ in ‚in‘ |
| *î* | wie ‚i‘ in ‚mir‘ |
| *ô* | wie ‚o‘ in ‚oder‘ |
| *ü* | wie ‚ü‘ in ‚fünf‘ |
| *üü* | wie ‚ü‘ in ‚müde‘ |

## Mitlaute

| | |
|---|---|
| *ch* | wie hartes ‚ch‘ in ‚Bach‘ |
| <u>*ch*</u> | wie weiches ‚ch‘ in ‚Licht‘ |
| *l* | wie dunkles, kehliges ‚l‘ im engl. ‚ball‘ |
| *ñ* | wie ‚ng‘ in ‚Ring‘ |
| *s* | wie stimmhaftes ‚s‘ in ‚Rose‘ |
| *ß* | wie stimmloses ‚s‘ in ‚Reis‘ |
| <u>*th*</u> | wie stimmhaftes ‚th‘ im englischen ‚this‘ |
| *th* | wie stimmloses ‚th‘ im englischen ‚thin‘ |
| *v* | wie ‚v‘ in ‚Vase‘ |
| *w* | wie ‚w‘ im englischen ‚we‘ |
| <u>*sch*</u> | wie stimmhaftes französisches ‚j‘ in ‚Journal‘ |

Ein Apostroph ' in der Lautschrift steht für einen Stimmabsatz oder Knacklaut. Das Hochdeutsche kennt diesen sogenannten Glottisverschluß nur in einer schwachen Form vor Selbstlauten am Wort- oder Silbenanfang, wie in „Achtung" *'achtuñ* oder „Brecheisen" *bre<u>ch</u>'aisèn.* Einen echten **glottal stop** *glå'l ßtåp* als Mitlautersatz findet man zum Beispiel im Ruhrgebiet, wo „Garten" wie *gâ'n* klingt.

Wer mit einer anderen Lautschrift vertraut ist, mag mir bitte verzeihen, daß ich hauptsächlich an den in dieser Hinsicht nicht vorbelasteten Leser gedacht habe.

MARIS
NEW POTATOES
3 lbs for 42
FREE
BAR OF
DAIRY MILK
WHEN YOU BUY
2 BARS OF
TIMEOUT
PAN BREAD 34p
Lifestyle
PLAIN BRED 49p
Lifestyle
BROWN BREAD 59p
Evening News

# Schottland und seine drei Sprachen

**Scots** *(ßkåtß)* oder Schottisch ist eine Variante des Englischen, die sich zu Standardenglisch ungefähr so verhält wie Plattdeutsch zu Hochdeutsch. Aus englischer Sicht ist es ein Dialekt – aber für sprach- und nationalbewußte Schotten ist es eine der drei Landessprachen Englisch, Schottisch und Gälisch.

**Gälisch,** eine keltische Sprache, hat trotz vieler Unkenrufe alle Versuche zur kulturellen Gleichschaltung Großbritanniens überlebt. Die gälischsprechende Minderheit, zumeist im Hochland und auf den Hebrideninseln angesiedelt, kann zwar heute auch Englisch. Es gibt aber trotzdem gälische Bücher, Zeitschriften, Radio- und Fernsehsendungen. Der vielleicht überzeugendste Beweis für die Lebendigkeit der Sprache sind die gälischen Texte der in ganz Schottland populären Rockmusikgruppe „Runrig“ *rarrig.*

**Scots** ist mindestens genauso oft totgesagt worden wie Gälisch, hat sich aber als ähnlich widerstandsfähig erwiesen. Dabei waren die Voraussetzungen noch ungünstiger, denn schottischer Sprachgebrauch wurde leicht als „schlechtes“ oder „falsches“ Englisch abgetan. Das Gälische mußte als eigenständige Sprache anerkannt werden, wenn man für diese auch keinen Platz in der modernen Welt sehen wollte. Scots ließ sich nicht so scharf abgrenzen, denn es gibt wegen der engen Verwandtschaft von Scots und Englisch eine Menge an Mischformen in der alltäglichen Verwendung. Zudem fehlt für Scots, das wie das Plattdeutsche zwischen Geldern und Rügen viele Ausprägungen hat, eine allgemein verbindliche schriftsprachliche Norm.

„Reines“ Scots hört man heute selten, aber in Süd-, Ost- und Mittelschottland reden die Leute etwas, das mehr oder minder stark schottisch geprägt ist. Das Sprachgebiet des Schottischen besteht zum größten Teil aus den **Lowlands** *lôlèns,* dem Tiefland, weshalb Scots auch als **Lowland Scots** oder kurz **Lallans** *lalèns* bezeichnet wird. In den **Lowlands** ist die Mehrzahl der Bevölkerung angesiedelt, und hier liegen auch alle größeren Städte.

Im Hochland und auf den Hebrideninseln – **Highlands** *hailènds* oder **Hielands** *hîlèns* und **Hebrides** *hebridîs* – merkt man noch, daß Englisch dort bis vor gar nicht so langer Zeit eine Fremdsprache war. Heute gibt es zwar einen typischen Hochlandakzent, aber keinen gewachsenen Dialekt mit eigenem Wortschatz. Besonderheiten im Sprachgebrauch sind in hier meist auf den Einfluß gälischer Aussprache und gälischen Satzbaus zurückzuführen. Die Ersetzung der stimmhaften Mitlaute *s, b* und *d* durch die stimmlosen *ß, p* und *t* ergibt zum Beispiel für den Satz

| | |
|---|---|
| **It is as it should be.** | die Aussprache: |
| Es ist so, wie es sein sollte. | *itiß eßit schüt pî* |

Gälische Satzkonstruktionen sind zu erkennen in Äußerungen wie

**It is a terrible headache that is at me.**
*es ist ein schrecklicher Kopfschmerz der ist bei mir*
Ich habe schreckliche Kopfschmerzen.

So etwas hört sich für Nichthochländer ebenso befremdlich an wie für Deutsche beispielsweise die wörtlichen Übersetzungen aus dem Englischen in „Asterix bei den Briten“. Hochlandenglisch wird gern in ähnlicher Weise als komisches Stilmittel verwendet. Wer mag, der kann sich davon in den Geschichten von **Neil Munro** *(nîl mènrô)* um den Kapitän **Para Handy** *(pâra handî)* überzeugen. Dahinter steht eine lange Tradition des nicht immer ganz so gutmütigen innerschottischen Spotts der Tiefland-Schotten über die Hochländer oder **teuchters** *(tjüüchtèrs)*. Dieses Wort ist von **teuch** *(tjüüch;* grob) abgeleitet und bedeutet so etwas wie „Bauerntölpel".

# Kleine Grammatik des Schottischen

## Schreibung und Aussprache

Die meisten Laute im Schottischen existieren auch im Englischen, mit einigen wichtigen Ausnahmen. Das mit der Zungenspitze gerollte *r* ist in Schottland die meistgehörte Aussprachevariante. Im Glasgower Raum nimmt das *r* auch oft den Platz des englischen *th*-Lauts ein, wie in **ra farra** *(ra fara)* für „der Vater", der sonst in Schottland **faither** *(fêthèr)* heißt. Die gerollten *r* und die kehlig-dunklen *ch* geben Scots einen ziemlich harten Klang. Ein **ch** wird nur am Wortanfang wie *tsch* ausgesprochen. Ansonsten klingt es wie im Deutschen: **licht** *(licht;* Licht) und **loch** *(låch;* See).

Kein Problem für einen Deutschen oder Niederländer, ganz im Gegensatz zu einem Engländer, für den man in Schottland aber vielleicht sowieso nicht unbedingt gehalten werden möchte. Die Schotten nennen die Nachbarn oft mit abfälligem Ton **Southrons** *(ßathrèns;* Südländer) oder auch **Sassenach** *(ßaßènach;* Gälisch für Sachsen). Anders als diese Angelsachsen haben Deutsche auch kein Problem mit dem *ü,* das in Schottland gesprochen wird, obwohl die Umlautpunkte im Schriftbild fehlen. Also:

| | | |
|---|---|---|
| **mune** | *müün* | Mond |
| **gude, guid** | *güd* | gut |
| **hoose** | *hüüß* | Haus |
| **broon** | *brüün* | braun |
| **toon** | *tüün* | Stadt |
| **floors, flooers** | *flüürs* | Blumen |
| **oor** | *üür* | unser; Stunde |
| **hoor, hure** | *hüür* | Hure |

Das für das Englische typische **o** *ou* gibt es im Schottischen nicht. Man hört ein langes **o** *ô,* oder es steht an entsprechender Stelle ein **ae** *(ê),* wie in den folgenden Wörtern:

| | | |
|---|---|---|
| **gae, gang, go** | *gê, gañ, gô* | gehen |
| **sae, so** | *ßê, ßô* | so |
| **dae** | *dê* | tun |

An einem unbetonten Wortende klingt **ae** wie *a* oder *î,* beispielsweise in **he cannae** *(hî kanî;* er kann nicht). Deshalb ist nur bei den Schotten die Scherzfrage nach dem Unterschied zwischen Bing Crosby und Walt Disney *(disnî)* möglich. Die Antwort:

**Bing sings, and Walt disnae.**
*biñ ßiñs èn wålt disnî*
Bing singt, und Walt tut es nicht.

Ein langer *î*-Laut kann sowohl durch **ie** wie durch **ei** wiedergegeben werden: **gie** *(gî;* geben) und **heid** *(hîd;* Kopf). An **gie** sieht man eine Tendenz zur Weglassung von Mitlauten, die auch Wortenden verkürzt; die englische Endung „-ing“ *(iñ)* wird im Schottischen **-in** *(in).* Auch die vier folgenden, häufig benutzten Wörter, werden abgekürzt:

| | | |
|---|---|---|
| **an** (im Engl.: and) | *an* | und |
| **no** (not) | *nô* | nicht |
| **o** (of) | *ô, è* | von |
| **wi** (with) | *wi* | mit |

In der gesprochenen Sprache ist die Unterschlagung von Lauten natürlich noch ausgeprägter als in der Schrift. Wenn man zum Beispiel am schottischen Frühstückstisch jemanden etwas sagen hört, was wie *(gîsè ba'r)* klingt, so ist das gemeint, was man im Englischen mit „could you give me the butter, please?“ ausdrücken würde, und schottisch zumindest **gie´s the butter!** schreiben. Die hier abgekürzte Mehrzahlform **us** *(as)* wird häufig anstatt der Einzahl **me** *(mî;* mir / mich) verwendet.

Das **w** wird nur am Silbenanfang ausgesprochen. Ein **l** zwischen Selbst- und Mitlaut ist ebenfalls stumm, und am Wortende verschwindet **ll** auch aus der Schrift. Hier ein paar Beispiele:

| | | |
|---|---|---|
| **flow** | *flô* | fließen |
| **slow** | *ßlô* | langsam |
| **fa** | *fåå* | fallen |
| **fu** | *füü* | voll |
| **ba, baw** | *båå* | Ball |
| **braw** | *bråå* | schön |
| **a, aw** | *åå* | alles, alle, ganz |
| **saut** | *ßååt* | Salz |
| **haud** | *hååd* | halten |

Eigentlich kurze Selbstlaute erscheinen im Schottischen häufig gedehnt: **man** klingt also eher wie die erste Silbe in dem Wort „Mahnmal“ als wie das deutsche „Mann“.

Keine Angst! Man muß sich nur etwas einhören. Zum Üben hier eine Zeile aus einem Volkslied. Sie beschreibt den Zustand einer Frau kurz vor der Niederkunft; auf Schottisch klingt es ziemlich poetisch:

**She grew sae fu she couldnae moe.**
*schî grüü ßê füü schî cüdnî müü*
*sie wuchs so voll, sie konnte-nicht sich-bewegen*
Sie wurde so dick, daß sie nicht mehr laufen konnte.

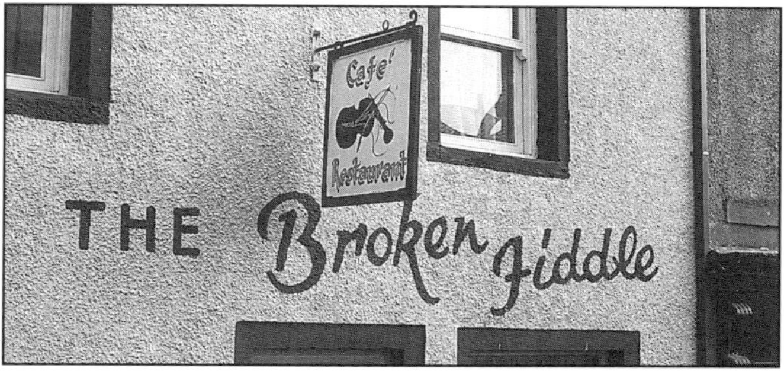


# Satzbau und grammatische Formen

## to do

Im großen und ganzen ist die Folge der Satzglieder im Schottischen genauso wie im Englischen. Es gibt jedoch ein paar Ausnahmen. Wer zum Beispiel bei der Umschreibung mit „to do“ Mühe hat, wird mit Erleichterung feststellen, daß in Scots die folgenden Sätze durchaus wohlgeformte Fragen sind:

**Hae ye ony spunks?**
*hê jiånî ßpañkß*
*hast du irgendwelche Streichhölzer*
Hast du Streichhölzer?

**Cam ye by train?**
*kam ji bai trên*
*kamst du mit Zug*
Bist du mit dem Zug gekommen?

Dafür gibt es aber die „to do"-Umschreibung in einer noch komplizierteren Form als im Englischen, wie in der folgenden Ermahnung

**Dinnae ye be goin an gettin yersel aw mucky!**
*dinè ji bî gôinèn ge'n jèrßelåå makî*
*tu-nicht du sein gehend und kriegend dich-selbst ganz dreckig*
Geh bloß nicht her und mach dich total schmutzig!

## will

In Fragen steht **will** oft im Sinne von „soll":

**Will Ah lay the table noo?**
*wilâ lê thè têbl nüü*
*werde ich decken den Tisch jetzt*
Soll ich jetzt den Tisch decken?

Das **Ah** *â* ist hier das Fürwort „ich".

**Ye will be David Black's son?**
*ji wil bî dêvid blakß ßan*
*du wirst sein David Blacks Sohn*
Du bist wohl der Sohn von David Black?

**Will** bezieht sich hier nicht auf die Zukunft, sondern auf die Gegenwart.

## that (in Relativsätzen)

In Relativsätzen steht fast immer **that,** also:

**the man that Ah heard them speakin o**
*<u>th</u>è man <u>th</u>ètâ herd <u>th</u>èm ßpikin ô*
*der Mann den ich hörte sie sprechen von*
der Mann, über den ich sie reden hörte

**the pal that Ah fixed his car**
*<u>th</u>è pal <u>th</u>ètâ fikßt his kâr*
*der Kumpel dem ich reparierte sein Auto*
der Kumpel, dessen Auto ich repariert habe

## Endungs -s bei Zeit- und Fürwort

Eine andere Besonderheit ist das Auftreten der Endung **-s** nicht nur in der dritten Person Einzahl. Also:

**Ye can wait till the kye comes hame.**
*ji kèn wêt til <u>th</u>è kai kams hêm*
*du kannst warten bis die Kühe kommen heim*
Du kannst warten, bis du schwarz wirst.

In der zweiten Person wird die Mehrzahl oft durch ein **s** von der Einzahl unterschieden, mit **ye** *(jî)* oder **you** *(jüü),* abgeschwächt *ji* oder *jè* und *jü* für „du", und **yese** *(jîs)* oder **youse** *(jüüs)* für „ihr".

## ja & nein

„Ja" wird oft statt mit **yes** mit **aye** *(ai)* ausgedrückt. **Aye** kann auch zur Bekräftigung einer Aussage dienen:

**She´s aye bonnie!**
*schîsai bânî*
Sie ist wirklich hübsch!

Das gebräuchliche Wort für „nein“ ist **na** *(nâ)* oder **naw** *(nåå).*
Das deutsche „doch“ als Entgegnung auf eine verneinte Aussage heißt **so** *(ßô),* wie im folgenden Kurzdialog:

| | | |
|---|---|---|
| **Are ye daft?** | **Ah'm no.** | **Ye are so!** |
| *âr jè dâft* | *âm nô* | *jiâr ßô* |
| Bist du bescheuert? | Bin ich nicht. | Bist du doch! |

## Verhältniswörter

Nach Zeit- oder Eigenschaftswörtern stehen manchmal andere Verhältnis- und Bindewörter als im Englischen. So heißt es:

| | | |
|---|---|---|
| **be feart fur** | *bî fîrt fèr* | Angst haben vor |
| **mair nor** | *mêr nâr* | mehr als |
| **wait on** | *wêt ân* | warten auf |

**Ah've been waitin on a bus fur mair nor an hoor.**
*âv bin wê'n ân è baß fèr mêr nâr èn uür.*
*ich-habe gewesen wartend auf einen Bus für mehr als eine Stunde*
Ich warte schon seit über einer Stunde auf den Bus.

**He's bigger nor me, but Ah'm no feart fur him.**
*hîs bigèr nâr mî bat âm nô fîrt fèr him*
*er-ist größer als ich aber ich-bin nicht ängstlich vor ihm*
Er ist größer als ich, aber ich habe keine Angst vor ihm.

Das Umstandswort wird oft mit der Endung **-like** *laik* statt wie im Englischen mit „-ly“ gebildet.

**He carried on decent-like**
*hî karîdân dîßèntlaik*
*er fuhr fort anständig-lich*
Er benahm sich anständig.

Auf der nächsten Seite folgen schottische Formen von Verhältniswörtern und andere häufig gebrauchte Sprachbausteine:

| | | |
|---|---|---|
| **ablaw** | *èblåå* | unter |
| **abody** | *ååbèdî* | jeder (im Sinn von „alle“) |
| **aboot** | *èbüüt* | über (wie „über etwas reden“) |
| **abune** | *èbüün* | über (Gegenteil von „unter“) |
| **afore** | *èfôr* | vor |
| **agin** | *ègin* | gegen |
| **ahint** | *èhint* | hinter |
| **aiblins** | *êblins* | vielleicht |
| **alane** | *èlên* | allein |
| **an** | *an* | wenn (im Sinn von „falls“) |
| **ance, yince** | *ênß, jinß* | einmal; einst |
| **ane, yin** | *ên, jin* | ein, eine, einer, eins |
| **anent** | *ènent* | betreffend |
| **aroon** | *èrüün* | herum |
| **atween** | *ètwîn* | zwischen |
| **ava** | *èvåå* | überhaupt; von allen |
| **awa** | *èwåå* | weg |
| **bit, wee** | *bit, wî* | klein |
| **byornar** | *baiårnèr* | außergewöhnlich |
| **efter** | *eftèr* | nach |
| **frae, fae** | *frê, fê* | von, aus |
| **forbye** | *fèrbai* | außerdem |
| **gin** | *gin* | wenn (im Sinn von „falls“) |
| **ilka** | *ilkè* | jeder (wie in „jeder einzelne“) |
| **intae** | *intî* | in ... hinein |
| **intil** | *èntil* | zu (wie in „etw. zu jmd. sagen“) |
| **maun** | *måån* | müssen |
| **mebbe** | *mebî* | vielleicht |
| **meikle, mukle** | *mikl, makl* | groß, viel |
| **mony** | *mànì* | viele |
| **nae** | *nê* | kein(e) |
| **naebody** | *nêbèdî* | niemand |
| **ony** | *ànî* | irgendein, irgendwelche |
| **ower** | *aüèr* | über (im Sinn von „hin-/herüber“), zu |
| **sic** | *ßik* | so, solch |
| **thae** | *thê* | diese (Mehrzahl) |
| **thon, yon** | *thån, jån* | dieser, diese, dieses |
| **twa** | *twâ* | zwei |
| **whan** | *wan* | wenn (im Sinn von „als“) |
| **whiles** | *wails* | manchmal |

| | |
|---|---|
| **He gaed his lane.** | **Get intae him!** |
| *hî gêd his lên* | *get intî him* |
| *er ging seinen Pfad* | *geh hinein-in ihn* |
| Er ging allein. | Geh in den Mann! (Kampf, Sport) |

## Die wichtigsten Fragewörter

| | | |
|---|---|---|
| **hoo?** | *hüü* | wie?, wieso? |
| **wha?** | *wâ* | wer? |
| **wham?** | *wâm* | wen? |
| **whan?** | *wan* | wann? |
| **whaur?** | *wåår* | wo? (Nicht verwechseln mit **waur**!) |
| **whit?** | *wit* | was? |
| **whit fur (no)?** | *wit fèr (nô)* | warum (nicht)? |
| **whitna?** | *witna* | welche(r)?, was für ein(e)? |

# Die Vergangenheit

Die regelmäßige Bildung der Vergangenheit bei Zeitwörtern geschieht mit den Endungen **d, t** oder **it:**

| | | |
|---|---|---|
| **pu**<br>*püü*<br>ziehen | **pud**<br>*püüd*<br>zog | **pud**<br>*püüd*<br>gezogen |
| **tell**<br>*tel*<br>erzählen | **telt**<br>*telt*<br>erzählte | **telt**<br>*telt*<br>erzählt |
| **keek**<br>*kîk*<br>gucken, schauen | **keekit**<br>*kîkit*<br>guckte, schaute | **keekit**<br>*kîkit*<br>geguckt, geschaut |

**Zum Schluß noch ein paar ausgewählte unregelmäßige Zeitwörter:**

| | | |
|---|---|---|
| **bide**<br>*baid*<br>wohnen, bleiben | **bade**<br>*bêd*<br>wohnte, blieb | **bidden**<br>*bidn*<br>gewohnt, geblieben |
| **come**<br>*kam*<br>kommen | **cam**<br>*kam*<br>kam | **come**<br>*kam*<br>gekommen |
| **dae**<br>*dê*<br>tun | **daed**<br>*dêd*<br>tat | **dane, daen**<br>*dên, dîn*<br>getan |
| **gae**<br>*gê*<br>gehen | **gaed, went**<br>*gêd, went*<br>ging | **gane, went**<br>*gên, went*<br>gegangen |
| **gie**<br>*gî*<br>geben | **gae, gied**<br>*gê, gîd*<br>gab | **gien, gied**<br>*gîn, gîd*<br>gegeben |
| **haud**<br>*hååd*<br>halten | **held**<br>*held*<br>hielt | **hauden**<br>*håådn*<br>gehalten |
| **hae**<br>*hê*<br>haben | **had**<br>*had*<br>hatte | **had, haen**<br>*had, hên*<br>gehabt |
| **tak**<br>*tak*<br>nehmen | **tuik**<br>*tük*<br>nahm | **taen**<br>*tên*<br>genommen |

Zur Übung noch ein paar Zeilen Scots, deren Inhalt jedem bekannt vorkommen müßte: es ist der Anfang von Wilhelm Buschs „Max und Moritz“ in der schottischen Übersetzung von J.K. Annand, in der sie **Dod** und **Davie** heißen.

**What for maun we thole wee laddies**
*wåt fèr måån wî thôl wî ladîs*
**when they are sic awfu baddies!**
*wen thêâr ßik ååfü badîs*
**For ensample let me save ye**
*fårinßåmpl let mî ßêv ji*
**frae a pair like Dod and Davie,**
*frê è pêr laik dådèn dêvî*
**wha insteid o tryin harder**
*wâ inßtîdè trajin hardèr*
**to be guid lads, get nae farder;**
*tè bi güd lads, get nê fardèr*
**slee wee deils, they smirk and snicker,**
*ßlî wî dîls, thê ßmèrk èn ßnikèr*
**lauchin gars their badness siccar.**
*lachin gars thêr badnèß ßikèr*

Rückübersetzt ins Deutsche ergibt das:

Warum müssen wir kleine Jungen ertragen,
wenn sie so fürchterliche Tunichtgute sind!
Zum Beispiel laßt mich euch warnen
vor einem Paar wie Dod und Davie,
die anstatt sich mehr zu bemühen,
gute Jungen zu sein, nicht weiterkommen;
schlaue kleine Teufel, lächeln und kichern sie;
Lachen macht ihre Schlechtigkeit gewiß.

# Aufgepaßt! – falsche Freunde

Wenn sich zwei Sprachen so ähnlich sind wie Scots und Englisch, gibt es Raum für Verwechslungen und Mißverständnisse. Hier ein paar klassische Beispiele dafür, wie und wo die Verständigung aufgrund von zwar gleich aussehenden oder klingenden, aber mit anderen Inhalten versehenen Wörtern ins Stolpern geraten kann.

| Scots | | | Englisch | | |
|---|---|---|---|---|---|
| **burn** | *bèrn* | Bach | **burn** | *bèrn* | (ver)brennen |
| **cry** | *krai* | nennen | **cry** | *krai* | weinen, ausrufen |
| **greet** | *grît* | weinen | **greet** | *grît* | grüßen |
| **gey** | *gai* | sehr | **guy** | *gai* | Typ |
| **hale** | *hêl* | ganz | **hail** | *heil* | Hagel |
| **hog** | *håg* | junges Schaf | **hog** | *håg* | Schwein |
| **hoo** | *hüü* | wie | **who** | *hû* | wer |
| **loe** | *lüü* | lieben | **loo** | *lû* | Klo |
| **mair** | *mêr* | mehr | **mare** | *määr* | Stute |
| **moose** | *müüß* | Maus | **moose** | *mûß* | Elch |
| **ower** | *aüèr* | über | **our** | *auèr* | unser |
| **rake** | *rêk* | Rechen; Dürrling | **rake** | *reik* | Rechen; Wüstling |
| **speir** | *ßpîr* | fragen | **spear** | *ßpîr* | aufspießen; Speer |
| **wait on** | *wêt ån* | warten auf | **wait on** | *weit ån* | bedienen (bei Tisch) |
| **waur** | *wåår* | schlechter | **war** | *wåår* | Krieg |
| **yucky** | *jakî* | juckend | **yucky** | *jakî* | ekelhaft |

Besonders angeraten wird eine vorsichtige Verwendung des Zeitworts **mind**, englisch *maind* und schottisch *main* fast gleich ausgesprochen. Wenn ein Schotte fragt:

**Dae ye mind mah uncle Harry?**
*dê yè main mâañkèl harî*
Erinnerst du dich an meinen Onkel Harry?

würde ein Engländer diese Frage wohl verstehen als:
„Hast du etwas gegen meinen Onkel Harry?"

Im letzteren Sinne kann man das Wort im Schottischen aber auch benutzen, wie zum Beispiel in

**Ah dinnae mind waitin**
*â dinè main wê'n*
Es macht mir nichts aus zu warten.

In der Bedeutung von „erinnern" folgt auf **mind** mitunter das Verhältniswort **on**.

**Ah ken him, but Ah cannae mind on his name.**
*â ken him bat â kanî main ân his nêm*
*ich kenne ihn, aber ich kann-nicht erinnern auf seinen Namen*
Ich kenne ihn, aber ich komme nicht mehr auf seinen Namen.

Eine weitere Quelle von schwerwiegenden Mißverständnissen zeigt sich in einem Satz wie

**He's juist efter makin a lot o money.**
*hîs dschißteftèr makinè lå'è manî.*
*er ist gerade nach machend eine Menge von Geld*
Er hat gerade viel Geld gemacht.

Die englische Entsprechung „he's just after making a lot of money" bedeutet dagegen „er ist nur darauf aus, viel Geld zu machen".

# Stadt – Land – Fluß

## Ortsnamen

Die meisten Namen auf der schottischen Landkarte stammen aus keltischer Vergangenheit. Eigentlich müßte man gälische Ausspracheregeln im Kopf haben, wenn man geographische Namen korrekt entziffern will. Aber auch wenn es keine gälischen Wurzeln gibt, ist der Klang oft anders als man es den Buchstaben nach erwarten könnte. So zum Beispiel bei der nach der Kirche des heiligen **Cuthbert** *(kathbèrt)* benannten Stadt **Kirkcudbright** *(kèrküprî).*

Germanischen Ursprungs ist die Endsilbe **-burgh,** *(bara* oder *bèrè),* das dem deutschen „-burg" entspricht. Der Name **Edinburgh** *(ednbèrè)* ist eine Ableitung aus dem keltischen **dun eidin** *(dan îdschin).* Das Wort **dun**, Festung oder Festungsberg, findet man auch in **Dundee** *(dandî)* oder **Dumbarton** *(dambar'n).* Die Endsilbe **-wick** wie in **Lerwick** *(lèrwik)* oder **Berwick** *(berik)* ist skandinavischen Ursprungs und bedeutet „Siedlung", entsprechend den letzten Silben von „Schleswig" und „Braunschweig".

Der Einfluß der Wikinger in Schottland zeigt sich auch noch in Namen mit der Endsilbe **-ness** für eine Landzunge, wie in **Durness** *(dèrneß)* oder **Skipness** *(ßkipneß).* **Inverness** *(invèrneß)* ist dagegen die Stadt an der Mündung des aus dem **Loch Ness** kommenden Flusses **Ness.** Die gälische Vorsilbe „inver-“ weist wie das „aber-“ in **Aberdeen** *(abèrdîn)* auf eine Flußmündung hin.

Hier einige andere Bestandteile schottischer Städte- und Gebietsnamen:

| | | |
|---|---|---|
| **ach-, auch-** | *ach, åch* | Feld, wie in **Auchnacraig** *(achnakrêk;* Feld des Felsens) |
| **alt-, ault-** | *alt, ålt* | Bach, wie in **Altnabreac** *(altnabrek;* Forellenbach) |
| **ard-** | *ard* | Höhe, wie in **Ardfern** *(ardfèrn;* Erlenhöhe) |
| **bal-** | *bal* | Wohnstatt, wie in **Balgowan** *(balgaüèn;* Wohnstatt des Schmieds) |
| **brae-** | *brê* | Hang oder Anhöhe, wie in **Braemar** *(brêmâr;* Höhe von Mar) |
| **dal-** | *dal* | Feld oder Wiese, wie in **Dalkeith** *(dalkîth;* Waldwiese) |
| **drum-** | *dram* | Bergrücken, wie in **Drumbuie** *(drambjüî;* gelber Bergrücken) |
| **fin-** | *fin* | weiß, wie in **Findon** *(findèn;* weißer Berg) |
| **glen-** | *glen* | Tal zwischen hohen Bergen, wie in Glencoe *(glenkô;* enges Gebirgstal) |
| **kil-** | *kil* | Kirche, wie in **Kilbride** *(kilbraid;* Kirche der heiligen Brigitte) |

| | | |
|---|---|---|
| **knock-** | *nåk, kråk* | Hügel, wie in **Knockandu** *(nåkèndüü;* schwarzer Hügel) |
| **muir-** | *mjüür* | Moor, wie in **Muirkirk** *(mjüürkèrk;* Kirche im Moor) |
| **pit-** | *pit* | Gehöft, wie in **Pitmedden** *(pitmedn;* mittlerer Hof) |
| **strath-** | *ßtrath, ßtrâ* | weites Tal, wie in **Strathblane** *(ßtrathblên;* Tal der kleinen Blumen) |
| **tom-** | *tåm* | runder Hügel, wie in **Tomnavoulin** *(tåmnavülin;* Mühlenberg) |

Die Vorsilbe **kin-** *(kin;* Spitze), wie in **Kingussie** *(kinjüüßî;* Ende des Fichtenwaldes) ist ebenfalls oft vorhanden. Als *(j)* gesprochen oder völlig stumm findet man die Buchstaben **g** und **z** heutzutage nur noch in Orts- oder Familiennamen. Ein Beispiel bei den Nachnamen ist **Menzies** *(miñèß),* was aber heute oft auch *(mensîs)* gesprochen wird, vor allem wenn man eine gewisse Zeitschriften- und Schreibwarenladenkette meint.

Die Berge des Hochlands haben das gälische Wort für Berg **beinn** *(ben)*, oft **Ben** geschrieben, im Namen. Der höchste Berg Schottlands ist der **Ben Nevis** *(ben neviß)*, was gemeinhin als „Himmelsberg" gedeutet wird, aber auch „bösartiger Berg" heißen kann. Schottlands Berge sind nicht so hoch und sehen nicht so gefährlich aus wie etwa die Alpen. Aber es kommt gerade deshalb immer wieder vor, daß Wanderer oder Kletterer in Not geraten. Am Ben Nevis ist so etwas keine Seltenheit, und damit hat auch die zweite Auslegung des Namens ihre Berechtigung.

Es folgen ein paar Beispiele für andere Bergnamen. Ein **bh** wird hier nach gälischer Manier als *v* ausgesprochen:

| | | |
|---|---|---|
| **Beinn Bhan** | *ben van* | weißer Berg |
| **Beinn Bheag** | *ben vek* | kleiner Berg |
| **Beinn Bhreac** | *ben vrek* | gefleckter Berg |
| **Beinn nam Ban** | *ben nam pan* | Frauenberg |
| **Beinn nan Caorach** | *ben nan kèrach* | Schafsberg |
| **Beinn an t-Sneachda** | *benan trachk* | Schneeberg |
| **Ben Lawers** | *ben lååèrs* | Echoberg |
| **Ben More** | *ben måår* | großer Berg |
| **Ben Tee** | *ben tî* | Feenberg |
| **Crois Bheinn** | *kråß vèn* | Kreuzberg |
| **Fuar Bheinn** | *füür vèn* | kalter Berg |
| **Glais Bheinn** | *glaß vèn* | grüner Berg |
| **Suilbheinn** | *ßülvèn* | Säulenberg |

Ein **carn** *(karn)* oder **cairn** *(kêrn)* ist ebenfalls ein Berg, aber einer, der mit Felsen oder Steinen bedeckt ist. Das Wort **cairn** bezeichnet einen Steinhaufen, entweder natürlichen, eiszeitlichen Ursprungs oder aber von Menschenhand geschaffen, etwa über einer Grabstätte. Der bekannteste Berg dieses Namens ist der **Cairngorm** *(kêrngårm)*, heute vor allem von Skiläufern aufgesucht, wenn auch die umliegenden Gipfel noch viel Platz für **hillwalkers** *(hilwååkèrs;* Bergwanderer) bieten. Beim Wandern gelangt man dann unter anderem auch an die entlegenen Hochtäler, die wegen ihrer runden Form mit dem Namen **corrie** *(kårî)* bezeichnet werden.

Spezielle Arten von Erhebungen werden mit anderen Namen belegt als **ben,** wie zum Beispiel:

| | | |
|---|---|---|
| **cnoc / knowe/ knoll** | *nåk, kråk / naü / nôl* | Hügel |
| **cnocan** | *nåkèn, kråkèn* | kleiner Hügel |
| **creag** | *krêk* | Felsen |
| **cruach** | *krüach* | steiler, runder Hügel |
| **meall** | *mjal* | runder Berg |
| **sgurr** | *ßkèr* | runder, spitzer Berg o. Fels |
| **stob** | *ßtåp* | Gipfel |

Nicht auf der Landkarte zu finden sind die von Bergsteigern oft erwähnten **Munros** *(mènrôs)*. Das ist ein Sammelbegriff für alle Gipfel mit einer Höhe über 3000 Fuß (ca. 915 Meter), aufgelistet von einem gewissen **Hugh Munro** *(chüü mènrô)*.

Gälisch sind auch die Namen der schottischen Seen, die nicht **lake** *(lêk)* heißen, sondern **loch** *(låch)*. Ein kleiner Binnensee ist ein **lochan** *(låchèn)*. Der **Lake of Menteith** *(mentîth)* stellt die einzige Ausnahme dar, auf der die alte Scherzfrage beruht: **How many lakes are there in Scotland?** Die richtige Antwort ist also: **One.** Das ist zwar

Wortklauberei, aber der schottische Ausdruck hat in der Tat eine andere Bedeutung als das englische „lake". Als **loch** oder **sea loch** *(ßî låch)* bezeichnen die Schotten nämlich auch die langen, schmalen Meeresbuchten der Westküste, die bei den Norwegern Fjorde genannt werden. Eine Meerenge heißt **kyle** *(kail)* oder **kyles** *(kails)*.

Vom Loch Ness war schon die Rede; hier noch einige andere:

| | | |
|---|---|---|
| **Loch Ailort** | *låchailèrt* | Schneeschauersee |
| **Loch Aline** | *låchalin* | schöner See |
| **Loch Awe /** | *låchåå /* | Wassersee (beide Namen |
| **Loch Linnhe** | *låch linî* | sind doppelt gemoppelt) |
| **Loch Broom** | *låch brüüm* | Regensee |
| **Loch Fyne** | *låch fain* | mittlerer See |
| **Loch Garve** | *låch garv* | rauher See |
| **Loch Lomond** | *låch lômènd* | Ulmensee |
| **Loch Long** | *låch lån̄* | Schiffssee |
| **Loch Maddy** | *låch madî* | Hundesee |
| **Loch Nagar** | *låch nagâr* | Ziegensee |
| **Loch Rannoch** | *låch ranèch* | Farnsee |

Was fließende Gewässer angeht, so heißt ein Fluß wie im Englischen **river** *(rivèr)*, aber die breite Mündung eines Flusses ins Meer **firth** *(fèrth)*. Ein Bach ist im Schottischen ein **burn** *(bèrn)*, und ein Wasserfall oder das Becken darunter **linn** *(lin)*.

Zum Schluß noch ein paar ausgewählte Inseln dazu, und die Landkarte ist komplett. Die Endsilbe **-ay**, meist *(ê)* gesprochen, kennt man im Deutschen aus Namen wie „Norderney" und dem Wort „Eiland" für Insel.

| | | | |
|---|---|---|---|
| **Arran** | *arèn* | **Mull** | *mal* |
| **Colonsay** | *kålènßê* | **Pabay** | *pabê* |
| **Iona** | *aiôna* | **Raasay** | *râßê* |
| **Islay** | *ailê* | **Rhum** | *ram* |
| **Jura** | *dschüüra* | **Skye** | *ßkai* |
| **Lewis** | *lüiß* | **Uist** | *jüißt* |
| **Mingulay** | *miñgjülê* | | |

Was die Aussprache anderer, vor allem gälischer Namen betrifft, so empfiehlt es sich, an Ort und Stelle Erkundigungen einzuziehen. Als man begann, Gälisch mit lateinischen Buchstaben zu schreiben, hat man ein System entwickelt, das an schierem Wahnsinn kaum zu überbieten ist. **Aberdeen** zum Beispiel wird **Obair Dheathain**, und die Region **Argyll** *(argail)* schreibt sich **Earraghaidheal**.

## Unterwegs

Wenn man sich moderner Verkehrsmittel bedient, braucht man einen modernen, vorwiegend englischen Wortschatz. Auch für schottische Besonderheiten wie die **single-track roads** *(ßiñgl trak rôds)* des Hochlands ist der Name englisch. Gemeint sind einspurige Straßen, auf denen Vorbeifahren am Gegenverkehr wie Überholen nur an Passierstellen, den **passing places** *(pâßin plêßis)* möglich ist.

Zu den wenigen rein schottischen Ausdrücken zum Thema Transport und Verkehr gehören die folgenden:

| | | | |
|---|---|---|---|
| **brig** | *brig* | | Brücke |
| **clippie** | *klipî* | *Abschneider* | Schaffner(in) |
| **dannylion** | *danîlaièn* | *Löwenzahn* | Politesse |
| **stance** | *ßtânß* | | Bushaltestelle |
| **wimple** | *wimpl* | | Serpentine |

## Von Häusern und Straßen

Für die Orientierung innerhalb von Städten und Dörfern ist Vertrautheit mit schottischem Sprachgebrauch ebenso hilfreich wie für das Zurechtfinden in natürlicher Umgebung. Mit den Engländern gemeinsam haben die Schotten die Unterscheidung von **street** *(ßtrît)* und **road** *(rôd)* für Straßen innerhalb und außerhalb von Ansiedlungen sowie Durchgangsstraßen. Weiterhin nennen die Schotten einen Platz ebenfalls **square** *(ßkwêr)*. Das Wort **place** *(plêß)* bezeichnet eine Nebenstraße oder aber ein Bebauungsgebiet, das direkt an eine Straße grenzt.

In schottischen Städten haben Straßennamen oft den Namen des Stadtviertels als ersten Bestandteil, so daß man die Gegend leicht bestimmen kann, jedoch auch genau hinschauen muß, um sich nicht zu vertun, wie zum Beispiel im Edinburgher Stadtteil **Marchmont** *(martschmènt)* zwischen **Marchmont Road, Marchmont Place** oder **Marchmont Crescent** *(kreßnt)*. Sollte man sich geirrt haben, ist das Gesuchte natürlich dennoch in der Nähe. Das Wort **crescent** weist auf eine halbmondförmige Straße hin, während ein **circus** *(ßèrkèß)* kreisförmig angelegt ist.

Andere Wörter auf schottischen Stadtplänen sind:

| | | |
|---|---|---|
| **bow, port** | *bô, pårt* | Torbogen |
| **close** | *klôß* | Hof; auch Eingang zu einem **tenement** *(tenèmènt)* oder **land** *(lan)*, einem Haus mit separaten Wohnungen auf drei oder mehr Stockwerken |
| **gate** | *gêt* | *Gang*, in Zusammensetzungen die Bezeichnung für eine Straße, und nicht wie im Englischen für ein Tor |
| **lane** | *lên* | Gasse, Pfad |
| **links** | *liñkß* | wellige Grasfläche, meist über Sandboden in Küstennähe; auch ein hier angelegter Golfplatz |
| **mercat** | *mêrkèt* | Markt |
| **tron** | *trån* | Stadtzentrum: der ehemalige Marktplatz oder das Gebäude, das an einem solchen steht; der Name ist eigentlich das Wort für die früher dort benutzte öffentliche Waage |
| **vennel** | *venl* | schmale Gasse |
| **wynd** | *wain* | enge, oft gewundene Gasse |
| **yett** | *jet* | Tor |

Wie überall in Großbritannien bewohnen die meisten Familien in Schottland ein eigenes Haus oder eine Eigentumswohung, die als **flat** *(flat)* oder auch als **hoose** *(hüüß)* bezeichnet wird. Wenn man also zu jemandem nach Hause eingeladen wird, braucht man nicht unbedingt nach einem Einfamilienhaus zu suchen, sondern es kann auch eine Wohnung sein, die über das **stair** *(ßtêr;* Treppenhaus) erreicht wird. Im Erdgeschoß von höheren Gebäuden gibt es oft auch ein **main door hoose** *(mên dåår hüüß)* mit separatem Eingang von der Straßenseite aus.

Auf dem Land findet man weitere spezifisch schottische Arten von Gebäuden oder Gebäudenamen:

| | | | |
|---|---|---|---|
| **big hoose** | *big hüüß* | *großes Haus* | Wohnsitz des Eigentümers auf einem **estate** (s. unten) |
| **biggins** | *bigins* | *Gebäude* | weitere kleine Wohnhäuser auf einem Gut |
| **black hoose** | *blak hüüß* | *schwarzes Haus* | heute nur noch als Museumsstück zu findendes Hochlandgehöft mit einem einzigen Raum, und Feuerstelle in dessen Mitte |
| **bothy** | *båthî* | | Hütte; im Nordosten früher Unterkunft für Saisonarbeiter |
| **broch** | *bråch* | | runder Festungsbau aus der Zeit um Christi Geburt |
| **but'n ben** | *ba'nben* | *draußen und drinnen* | längliches Bauernhaus mit zwei Zimmern und einem Eingang |
| **byre** | *baièr* | | Kuhstall |
| **clachan** | *klachèn* | | Siedlung, Dörfchen |
| **crannog** | *kranèk* | | Pfahlhaus; heute nur noch in |

| | | | |
|---|---|---|---|
| | | | Überresten zu findende Behausung an Binnenseen |
| **croft** | *kråft* | | Kate, Kleinbauernhaus im Hochland |
| **doocot** | *düükèt* | | Taubenhaus |
| **drystane dyke** | *draißtên daik* | *Trockensteinwall* | mörtellose Mauer aus Natursteinen |
| **estate** | *ißtêt* | | Landgut |
| **manse** | *manß* | | Pfarrhaus |
| **single-end** | *ßiñgèlen* | | Häuschen mit nur einem Zimmer; in der Stadt auch Ein-Zimmer-Wohnung |
| **wee hoose** | *wî hüüß* | *kleines Haus* | Außentoilette |

Die letztgenannten Außenklos findet man nur noch selten, aber der Ausdruck hat sich länger gehalten als die Einrichtung. Dasselbe gilt für die Wendung **come awa ben!** *(kam èwåå ben; komm weg herein!)*. Mit diesen Worten wurde man früher in einem **but'n ben** in das hintere Zimmer, also die gute Stube gebeten. Das Vorzimmer wurde unter anderem auch als Stall genützt! Heute ist die Redewendung eine generell gebräuchliche Einladung zum Betreten eines Hauses oder einer Wohnung, gleich ob auf dem Land oder in der Stadt.

Die Toilette wird auch folgendermaßen genannt:

| | | |
|---|---|---|
| **bog** | *båg* | Sumpf |
| **cludgie** | *kladschî* | Klo |
| **shankie** | *schañkî* | Klo (von Shanks, einem Großhersteller von Sanitäranlagen) |
| **shitehoose** | *schaithüüß* | Scheißhaus |
| **yuffie / duffy** | *jafî / dafî* | *feuchtweiche Masse* Klo |

Weiter findet man in einem Haus noch:

| | | |
|---|---|---|
| **dunny** | *danî* | Keller |
| **laft / loft** | *laft / låft* | Dachgeschoß |
| **vent** | *vent* | Rauchabzug |
| **lum** | *lam* | Schornstein |

Eine bekannte Segensformel lautet daher:

**Lang may yer lum reek ...**
*lang mê jèr lam rîk ...*
Lange mag dein Schornstein rauchen ...

Die Fortsetzung hört man aus verständlichen Gründen weniger oft.

**... an yer hurdies fyke.**
*... an jèr hèrdîs faik*
... und deine Hüften sich hin und her bewegen.

# Wetter

Das Wetter ist ein heikles Thema in Schottland. Die nördliche Lage und der Meereseinfluß schaffen ein enorm wechselhaftes Klima. Böse Zungen behaupten gar, Schottland habe überhaupt kein Klima, sondern kenne nur Pröbchen von verschiedenen Witterungen. Wie dem auch sei, eine Bemerkung über das Wetter ist einer der gebräuchlichsten Gesprächsanfänge. Falls es schön ist, ist das an sich schon bemerkenswert, und falls es schlecht ist, kann man sich wenigstens darüber beklagen.

In beiden Fällen kann es aber eine Viertelstunde später schon ganz anders aussehen. Auf gutes Wetter kann man sich nicht verlassen; das wissen die Schotten nur zu genau. Man kann zur Begrüßung wohl Folgendes sagen:

**Rare day the day!**
*rêr dê thè dê*
*seltener Tag der Tag*
Selten schöner Tag heute!

**Aye, but it winnae keep up!**
*ai bètit wìnè kîpap*
*ja aber es wird-nicht halten hoch*
Ja, aber es wird nicht anhalten!

In diesem Sinne hier zunächst einmal der Wortschatz für angenehmes Wetter:

| | | | |
|---|---|---|---|
| **braw** | *bråå* | | schön |
| **lithesome** | *laithßèm* | *geschützt* | lind |
| **maumy** | *mååmî* | *weich* | mild |

Das wäre es eigentlich schon. Für einen Bauern mag noch **growthy** *(grôthî; wachstumsmäßig)* dazugehören. Dies bezeichnet feuchtwarme Witterung, bei der die Pflanzen gut gedeihen, im Gegensatz zu **drouthy** *(drüthî;* (zu) trocken).

Und nun zu unangenehmen Dingen:

| | | |
|---|---|---|
| **blashy** | *blaschî* | naß und windig |
| **cauld** | *kååI* | kalt |
| **cauldrif** | *kåålrif* | zum Frieren |
| **coorse** | *küürß* | unwirtlich |
| **cuil** | *küül* | kühl |
| **dour** | *düür* | ungemütlich |
| **dreich** | *drîch* | trübe |
| **drumly** | *dramlî* | düster |
| **gowany** | *gaüènî* | *gänseblümchenmä-ßig* trügerisch-heiter |
| **gowsty** | *gaüßtî* | stürmisch |
| **snell** | *ßnel* | bitterkalt |

Zu den unerfreulicheren Wettererscheinungen, die man erleben kann, gehört auch der vor allem an der Ostküste bekannte **haar** *(hâr),* ein feiner, feuchter, hartnäckiger Nebel, der vom Meer her ins Land zieht. Ähnlich unter die Haut gehen kann der **Scotch mist** *(ßkåtsch mißt;* schottischer Nebel) genannte feine Nieselregen. Als **hail watter** *(hêl wâ'èr;* Hagelwasser) bezeichnet man einen extrem kräftigen Regen, der durch den Wind oft einen **sklent** *(ßklent),* eine schräge Fallrichtung hat und manchmal sogar horizontal zu kommen scheint, was den Gebrauch von Regenschirmen recht schwierig macht. Es kann also leicht passieren, daß man **droukit** *(drüükit;* klatschnaß) wird.

Für solche und andere Wetterphänomene gibt es einen reichen Schatz an lokal oder regional verbreiteten Ausdrücken; davon mehr aufzuführen, wäre hier aber unnötig, und würde dazu wohl unangemessen abschreckend wirken. Deshalb lieber schnell zu dem, womit man den Körper gegen die Witterungseinflüsse bedeckt.

# Kleidung

Der Schotte im karierten Rock, im **kilt** *(kilt)*, ist heute so etwas wie das weltweit bekannte Wahrzeichen für das ganze Land, auch wenn dieses Kleidungsstück nicht mehr gar zu häufig anzutreffen ist und die meisten Schotten sich so anziehen wie andere Westeuropäer.

Dennoch trägt man den Kilt mit Stolz an Festtagen und zu anderen Gelegenheiten, vor allem im Hochland und auf den Hebriden, wo die Zugehörigkeit zu einem **clan** *(klan)* noch eine große Rolle spielen kann.

Weitere Wörter zum Thema Kleidung:

| | | |
|---|---|---|
| **Arran sweater** | *arèn ßwetèr* | dicker, einfarbiger Wollpullover, benannt nach der Insel **Arran** |
| **bonnet** | *bånèt* | schirmlose Wollmütze |
| **braws** | *bråås* | Sonntagsstaat |
| **breeks** | *brîkß* | Hosen; auch Unterhosen |
| **claes** | *klês* | Kleidung |
| **goon** | *güün* | Nachthemd |
| **jammies** | *d<u>sch</u>amîs* | Schlafanzug (von **pyjamas**) |
| **Paisley pattern** | *pêslî pa'èrn* | in der Stadt **Paisley** entworfenes buntes Stoffmuster, nach indisch-arabischen Vorbildern |
| **plaid** | *plêd* | karierte Decke, früher zum togaähnlichen großen Kilt um den Körper gewickelt |
| **pooch** | *püütsch* | Tasche |
| **sark** | *ßark* | Hemd |
| **sgian dhu** | *ßkîèn düü* | *schwarzes Messer:* Zierdolch, zum Kilt im Strumpf getragen |

| | | |
|---|---|---|
| **shae, shoon** | *schê, schüün* | Schuh, Schuhe |
| **sporran** | *ßpårèn* | vor dem Kilt hängende Ledertasche |
| **tartan** | *tar'n* | karierter Stoff |
| **tam o'shanter / tammie** | *tamèschântèr tamî* | Mütze mit Bommel |
| **tourie** | *tüürî* | Bommel |
| **tartan trews** | *tar'n trüüs* | karierte Hosen, heute vorwiegend von Militärs getragen |
| **togs** | *tågs* | Klamotten |
| **wellies** | *welîs* | Gummistiefel, so genannt nach dem irischen General und Politiker Wellington (1769-1852) |

**Scuddies** *(ßkadîs)*, also das, was die Münchner „Nackerte" nennen, sind in Schottland aus zwei Gründen selten zu sehen: Religion und Witterung wirken hier sozusagen Hand in Hand zur Wahrung von Zucht und Sitte.

# Was da kreucht und fleucht

Das berühmteste schottische Tier ist fraglos **the Loch Ness monster** *(thè làch neß månßtèr),* das sagenhafte Ungeheuer vom Loch Ness. Das meistgesehene Tier hingegen ist in Schottland eine weniger spektakuläre Kreatur, **sheep** *(schîp)* genannt: das Schaf.

Die Hochland-Straßen führen fast immer durch Weideland für **Cheviot** *(tschîvîèt)* oder **Linton** *(lintèn).* Erstgenanntes ist ein rein weißes Bergschaf; das andere heißt auch **blackface** *(blakfêß).* Die Zäune, die ein Weidegebiet vom anderen trennen, werden ergänzt durch Metallgitter in den Straßen. Das sind die **cattle grids** *(ka'l grids; Rindergitter),* wenn sie auch eindeutig eher für Schafe gedacht sind.

Das Wort **sheep** ist natürlich viel zu allgemein für Schafhalter. Hier ein paar der genaueren Bezeichnungen:

| | | |
|---|---|---|
| **belled wether** | *beld wethèr* | *beglockter Hammel* Leithammel |
| **dinmont** | *dimènt* | Schaf zwischen der ersten und zweiten Schur, also 1 1/2 bis 2 1/2 Jahre alt |
| **hog** | *håg* | Jährling vor der ersten Schur |
| **tuip, tup** | *tüüp, tap* | Widder |
| **yowe** | *jaü* | Mutterschaf |

Zum Schaf gehört der schottische Schäferhund, der **collie** *(kålî)* in seiner schwarz-weißen Urform, von der die Zierrasse und somit auch der Fernsehhund **Lassie** *(laßî;* Mädchen) abstammt. Echte Collies sind Arbeitstiere. Es sind Hirtenhunde mit einer beeindruckenden Intelligenz, die sie auch in Wettbewerben (**sheep dog trials;** *schîp dåg traièls)* unter Beweis stellen. Diese Vorführungen allein lohnen schon den Besuch einer Landwirtschaftsschau oder **show** *(schô).*

Einige weitere Haus-, Nutz- und Wildtiere, soweit nicht im Kapitel „Essen“ abgehandelt:

| | | |
|---|---|---|
| **Aberdeen Angus** | *abèrdîn añgèß* | schwarze, schwere, hornlose Rinderrasse aus der Gegend zwischen **Aberdeen** und **Dundee** |
| **baudrons** | *båådrèns* | Mieze |
| **capercailie** | *kapèrkêlî* | Auerhuhn |
| **coo, kye** | *küü, kai* | Kuh, Kühe |
| **corbie** | *kårbî* | Rabe |
| **craw** | *kråå* | Krähe |
| **cuddy** | *kadî* | Esel |
| **dug** | *dag* | Hund |
| **garron** | *garèn* | kleines Zugpferd |
| **gibbie** | *gibî* | Katze |
| **Hieland cattle** | *hîlèn ka'l* | Hochlandrind (klein, braun, langhaarig und lang behörnt) |
| **lintie** | *lintî* | Lerche |
| **midgie** | *mid<u>schî</u>* | Stechmücke |
| **mowdiewort** | *maüdîwèrt* | Maulwurf |
| **penny dug** | *penî dag* | *Pfennighund* einer, der schön bei Fuß geht (damit seinem Herrn kein Penny abhanden kommt) |
| **pownie** | *paünî* | Reitpferd |
| **sheltie** | *scheltî* | Shetlandpony |
| **soo** | *ßüü* | Sau |
| **stirk** | *ßtèrk* | Mastochse |
| **tike** | *taik* | Köter |
| **westie** | *weßtî* | kurz für **West Highland terrier** |
| **whaup** | *wååp* | Brachhuhn |
| **whitrat / futret** | *witrèt / fatrèt* | Frettchen |

# Was da grünt und blüht

Die auffälligste aller Pflanzen in Schottland ist **heather** *(hethèr:* Heidekraut), das vor allem im Hochland große Flächen bedeckt und je nach Jahreszeit die Farben bestimmt. Die Wappenblume Schottlands aber ist die Distel, **thistle** *(thißl)* genannt. Beide Bezeichnungen sind mit den englischen identisch. Es gibt aber natürlich vieles aus der Botanik, was rein schottische Namen trägt. Hier eine Auswahl:

| | | |
|---|---|---|
| **bad-money** | *badmanî* | *Schlechtgeld:* Enzian |
| **bere** | *bîr* | Gerste (hiervon stammt der Name für den Gerstensaft ab) |
| **birk** | *bèrk* | Birke |
| **blaeberry** | *blêbèrî* | Heidelbeere |
| **bloomin** | *blüümin* | blühend; im übertragen Sinn eine salonfähigere Version von **fuckin** *(fakin; fickend)*, das überall einbaubare Allerweltsschimpfwort |
| **bluidy fingers** | *bladî fiñgèrs* | *blutige Finger* Fingerhut |
| **bourtree** | *büürtrî* | Holunder |
| **brammle** | *braml* | Brombeere |
| **brawlins** | *brååIins* | Preiselbeere |
| **breckan** | *brekèn* | Farn |
| **breer** | *brîr* | Wildrose |
| **broom** | *brüüm* | Ginster |
| **crack nut** | *krak nat* | Haselnuß |
| **docken** | *dåkèn* | Ampfer; **no gie a docken** *nô gî è dåkèn (nicht geben einen Ampfer)* nichts darum geben |
| **dusty miller** | *daßtî milèr* | *staubiger Müller* Aurikelart mit weißgepudertem Aussehen |

| | | |
|---|---|---|
| **gean** | *gîn* | Wildkirsche |
| **gowan** | *gaüèn* | Gänseblümchen |
| **groset** | *gråßèt* | Stachelbeere |
| **haver** | *hêvèr* | Hafer (auch: Unsinn reden) |
| **hissel** | *hißl* | Haselstrauch |
| **jag** | *dschag* | Dorn, Stachel |
| **larick** | *larik* | Lärche |
| **ramps** | *rampß* | Bärenlauch |
| **rone** | *rôn* | Dickicht |
| **rowan** | *raüèn* | Eberesche |
| **shank** | *schañk* | Stamm; Stiel |
| **shilagie** | *schilagî* | Huflattich |
| **siven** | *ßivèn* | Waldhimbeere |
| **sourock** | *ßüürèk* | Sauerampfer; (auch: Griesgram) |
| **speengie rose** | *ßpîndschî rôs* | *spanische Rose* Pfingstrose |
| **whin** | *win* | Stechginster |
| **willie** | *wilî* | Weide |
| **wormit** | *wèrmit* | Wermut |

# Essen und Trinken

## Schottisches Essen – Essen in Schottland

Wie die Überschrift schon andeutet, ist nicht beides dasselbe. Was die Schotten essen, ist heute eine Mischung aus traditioneller und internationaler Küche. Bei den Restaurants gibt es reichlich indische, chinesische, italienische und allerlei andere, aber nur wenige, die sich auf schottische Küche spezialisieren. Falls man jedoch eines hiervon findet, sollte man sich die Gelegenheit nicht entgehen lassen, eines der folgenden Gerichte auszuprobieren:

### Aus dem Meer

**Cullen skink** *kalèn ßkiñk*
Cremesuppe mit geräuchertem Schellfisch
**Cullen** ist ein Küstenort in Nordostschottland; **skink** bezeichnet eigentlich einen Rindsknochen, oder eine daraus gekochte Suppe.

**Partan bree** *par'n brî*
Krebssuppe mit Reis und Sahne

**Arbroath smokies** *arbrôth ßmôkîs*
Über Holzfeuer langsam geräucherter kleiner Schellfisch, meist warm serviert. **Arbroath** ist ein Ort im Nordosten Schottlands, wo man diese Räuchermethode perfektioniert hat.

**Finnan haddie** *finèn hadî*
Golden geräucherte Schellfischfilets, meist gedünstet und in cremiger Sauce. Benannt nach dem Ort **Findon** an der Nordostküste.

**Scotch salmon** *ßkåtsch ßamèn*
Lachs, auf verschiedenste Weisen zubereitet

**Cod in mustard sauce** *kådin maßtèrd ßååß*
Kabeljau in Senfsauce

**Fried herrings in oatmeal** *fraid herinsin ômîl*
Gebratener Hering, mit Hafermehl paniert

Dazu noch viele andere Arten von Salz- und Süßwassergetier, denn kein Ort in Schottland ist vom Wasser allzu weit entfernt!

| | | |
|---|---|---|
| **ling** | *liñ* | Leng |
| **lobster** | *låbßtèr* | Hummer |
| **mussels** | *maßls* | Miesmuscheln |
| **oysters** | *oißtèrs* | Austern |
| **mackerel** | *makèrèl* | Makrele |
| **pike** | *paik* | Hecht |
| **sole** | *sôl* | Scholle |
| **trout** | *traüt* | Forelle |
| **whiting** | *waitiñ* | Weißfisch |

Dem **ham-a-haddie** (Schinkenschellfisch) begegnet man eigentlich nur in der folgenden Redensart, wobei der Nachsatz jeweils unausgesprochen bleibt:

**yon´s a fine ham-a-haddie**
*jånsè fain hamèhadî*
*das-ist ein feiner Schinken–Schellfisch –*
*(aber in meiner Pfanne brätst du ihn nicht.)*
das ist eine prima Geschichte –
(aber mir kannst du keinen Bären aufbinden!)

## Geflügel und Wild

**Cock-a-leekie** *kåkèlîkî* *Hahn-Lauch*
Hühnersuppe mit Lauch und Backpflaumen

**Howtowdie** *haütaüdî*
Brathuhn mit Füllung in einer Sauce mit Hühnerleber und pochierten Eiern. Ein **howtowdie** ist in Scots eine Junghenne, die noch keine Eier legt, und übertragen dann auch eine unverheiratete junge Frau.

**Grouse / capercailie** *graüß / kapèrkêlî*
sind wildlebende schottische Moorhühner. Die Jagdsaison beginnt am 12. August, dem **Glorious Twelfth** *(glåårièß twelfth; glorreicher Zwölfter)*, wenn Horden von wohlhabenden Leuten, vorwiegend in England ansässig, in den Hochlandrevieren einfallen. Die örtliche Bevölkerung hat meist nur die Chance, als **beater** *(bîtèr)* an dem Geschehen teilzunehmen. Die Arbeit dieser „Schläger" besteht darin, die Tiere vom Boden aufzuscheuchen.

Auch die Jagd auf anderes Wild und das Angeln nach Lachsen ist ein Privileg der Reichen, die sich dabei von einem revierkundigen **gillie** *(gilî)* führen lassen. Man sollte sich ernsthaft fragen, ob man durch den Verzehr von **venison** *(venisèn;* Hirsch oder Reh) und **pheasant** *(fesnt;* Fasan) dieses System unterstützen will.

Beim Lachs kann man beruhigter zulangen, denn der weitaus meiste Lachs kommt aus der Küstenfischerei oder von ebenfalls an der Küste gelegenen Fischfarmen. Mit der Angel gefangene Lachse landen meist nicht im Handel, es sei denn, der Angler war ein **poacher** *(pôtschèr;* Wilderer).

## Hausmannskost

**mince´n tatties** *minßn tatîs* Hackfleisch und Kartoffeln
Dies ist wohl das meistgekochte schottische Gericht überhaupt. Rinderhack wird mit Zwiebeln angebraten, mit Rinderbrühe übergossen und geschmort. Dazu gibt es Kartoffelbrei.

**stovies** *ßtôvîs* Kartoffelauflauf
mit Schinken, Schinkenspeck oder Hühnerfleisch

**Scotch Broth** *ßkåtsch bråth* Graupeneintopf
mit Hammelfleisch

Wie in England heißt die Morgenmahlzeit **breakfast** *(brekfèßt)* und das Mittagessen **lunch** *(lantsch)*. Die alltägliche Hauptmahlzeit, das Abendessen, nennt man **supper** *(ßapèr)*, **dinner** bzw. **denner** *(denèr)*, oder auch **tea** *(tî)*. Achtung: Nur ein **cup o´tea** *(kapètî)* ist wirklich auch eine Tasse Tee:

**Will ye come roon for yer tea?**
*wil ji kam rüün fèr jèr tî*
*wirst du kommen herum für deinen Tee*
Kommst du vorbei zum Abendessen?

Dies ist wichtig beim Verständnis eines alten Vergleichs, in dem die nicht nur nach eigener Einschätzung extrem gastfreundlichen **Glaswegians** *(glaswîdschèns)* die Bewohner von **Edinburgh** *(ednbèrè)* als das genaue Gegenteil brandmarken. Wenn man ein Haus in Glasgow besucht, so heißt es, wird man gefragt

**Ye will stay for yer tea?**
*ji wil stê fèr jèr tî*
*du wirst bleiben für deinen Tee*
Du bleibst doch zum Essen?

Die Edinburger Standardfrage dagegen, so sagt man, lautet

**Ye will have had yer tea?**
*ji wil hèv hâd jèr tî*
*du wirst haben gehabt deinen Tee*
Du hast doch sicher schon gegessen?

Die Glaswegians würden aber sogar ihren Erzrivalen aus Edinburgh niemals nachsagen wollen, daß dort Gästen noch nicht einmal eine Tasse Tee angeboten wird.

## Der schnelle Imbiß

Den bekommt man im **chippie** *(tschipî),* nicht selten von italienischen Einwanderern betrieben. Standardgericht ist das **fish supper** *(fisch ßapèr).* Es besteht aus Fischfilet, meist **haddock** *(hadèk;* Schellfisch) und Pommes Frites. Der Fisch ist frittiert in **batter** *(ba'èr),* einem dünnen Rührteig. Wenn man keine Fritten dazu will, bestellt man einen **single fish** *(ßiñgl fisch),* und die gleiche Unterscheidung zwischen **supper** (mit) und **single** (ohne) gilt für die anderen Dinge, die es hier gibt.

Dazu gehören wie in England **pies** *(pais),* Blätterteigpasteten mit verschiedenen Fülllungen. Typisch für Schottland sind die **bridies** *(braidîs),* auch nach dem Ort **Forfar** *(fårfèr)* als **Forfar bridies** bekannt, mit Rindfleisch- und Zwiebelfüllung in einer Art Brotteig. Frittiert in **batter** werden **black puddin** *(blak püdn),* **red puddin** und **white** *(wait)* oder **mealie** *(mîlî)* **puddin.** Das erste ist eine Art Blutwurst, das zweite und dritte sind gleich geformte, aber anders gefärbte Würste mit beziehungsweise aus Hafermehl. Beim Verpacken wird im Westen Schottlands gefragt:

**Salt'n vinegar?**
*såå'n vinègèr*
Salz und Essig?

Im Osten heißt es:

**Salt'n sauce?**
*såå'n ßååß*
Salz und Sauce?

Im zweiten Satz ist ein dunkelbrauner Ketchup nach Art der Marke „HP“ *(eitschpî)* gemeint.

Zwei besondere Dinge gibt es hier noch zu erwähnen, aus unterschiedlichen Gründen. Zum einen eine Art Fleischwurst, die unter der Bezeichnung **smoked sausage** *(ßmôkd ßåßidsch)* läuft, und ebenfalls – allerdings meist ohne Teig – frittiert wird. Der größte Andrang im **chippie** herrscht nun meist kurz nach Kneipenschluß, und es ist die Frage, ob man dann noch imstande ist, ohne Holpern die Bestellung **a smoked sausage supper** *(è ßmôkd ßåßidsch ßapèr)* aufzugeben. Falls jemand etwas total Unverständliches nuschelt, ist die Wahrscheinlichkeit aber nicht gering, daß das erfahrene Personal ihm genau das Gericht serviert, das für alkoholisierte Kunden am schwersten auszusprechen ist.

Zum Schluß noch das schottischste aller Gerichte, der **haggis** *(hagiß)*. Im **chippie** wird er auch in Wursthülle und **batter** zubereitet, aber die traditionelle Art, Haggis zu kochen, ist in einem Schafsmagen. Hauptbestandteil sind die Innereien des Schafs, vor allem Leber und Herz, vermischt mit Hafermehl, und gut gepfeffert. Haggis schmeckt ungefähr wie warme, grobe Leberwurst, und ist uneingeschränkt zu empfehlen. Daheim ißt man ihn mit **neeps'n tatties** *(nîpßn ta'îs)*, pürierten gelben Rüben und Kartoffelbrei.

## andere Wörter zum Thema Essen

| | | |
|---|---|---|
| **bannock** | *banèk* | runder, flacher Kuchen |
| **belly-timber** | *belîtimbèr* | *Bauch-Brennholz* Fressalien |
| **brose** | *brôs* | Hafer- oder Erbsenmehl mit Wasser oder Milch, und Salz und Butter heiß angerührt |
| **bubblyjock** | *bablîdschåk* | Truthahn |
| **caller** | *kåålèr* | frisch |
| **champit** | *tschampit* | zerstampft, püriert |
| **clapshot** | *klapschåt* | Kartoffelbrei mit pürierten Rüben |
| **clootie dumplin** | *klüüti damplin* | *Tuchkloß* eine Art Früchtebrot, das man in einem Tuch in heißem Wasser siedet |

| | | |
|---|---|---|
| **foosty** | *füüßtî* | alt, vergammelt (bei Fisch, Obst, Gemüse) |
| **kail** | *kêl* | Kohl; kommt auch in Redensarten vor wie: **cauld kail het again** *kåål kêl het ègen, kalter Kohl wieder gewärmt:* jede Art von Resteessen, oder übertragen „kalter Kaffee"; **scaud ane's lips on ither fowks' kail** *ßkååd êns lipß ån ithèr faükß kêl, sich die Lippen an anderer Leute Kohl verbrühen:* durch Einmischung in fremde Angelegenheiten in Mißkredit geraten |
| **dook** | *düük* | eintunken |
| **gruel** | *grüèl* | Haferschleim |
| **gust** | *gaßt* | Geschmack, Probierhappen |
| **jeelie** | *dschîlî* | Gelee; Marmelade |
| **hummie** | *hamî* | Prise |
| **hungert** | *hañgèrt* | hungrig |
| **meat** | *mît* | *Fleisch* Essen |
| **nip** | *nip* | scharfer oder saurer Geschmack |
| **pan loaf** | *pan lôf* | *Pfannenlaib* Brot mit einer knusprigen Kruste, im Gegensatz zum **plain loaf** *plên* = einfacher Laib; übertragen bezeichnet **pan loaf** eine gestelzt-vornehme Aussprache |
| **piece** | *pîß* | Butterbrot, Sandwich |
| **parritch** | *paritsch* | Haferbrei |
| **sappie** | *ßapî* | saftig, weich |
| **scones** | *ßkåns* | Teegebäck, mit Butter und Marmelade gegessen |

| | | |
|---|---|---|
| **shortbread** | *schårtbred* | *Kurzbrot* Butterkeks |
| **stappit fu** | *ßtapit füü* | *vollgestopft* pappsatt |
| **stervin** | *ßtervin* | *verhungernd* extrem hungrig |
| **sunkets** | *ßañkètß* | Leckereien |
| **syboes / sybies** | *ßaibîs* | grüne Zwiebeln |
| **toom** | *tüüm* | *leer* ausgehungert |
| **wersh** | *wèrsch* | fade, ungenießbar |

## Alles Käse

Leider oft nicht so einfach zu finden sind traditionelle schottische Käsesorten, die aber durchaus zu den Delikatessen des Landes gehören und den Vergleich mit französischen oder italienischen Vettern nicht zu scheuen brauchen. Augen auf nach den folgenden:

| | | |
|---|---|---|
| **Orkney** | *årknî* | kommt von den **Orkney**-Inseln, ist fest, aber sahnig, und auch geräuchert zu finden |
| **Blue Stewart** | *blüü ßtjüèrt* | ist ein milder Blauschimmelkäse, dessen weiße Variante dagegen recht salzig schmeckt |
| **Kebbock** | *kebèk* | ist ein milder Weichkäse, in Hafermehl gerollt |
| **Crowdie** | *kraüdî* | ist eine Art Hüttenkäse, mild im Geschmack |
| **Ramsa** | *ramßa* | ist ein sahniger Weichkäse mit wildem Knoblauch |

# Süßigkeiten

Daß die Statistik den Schotten Europas schlechteste Zähne bescheinigt, liegt sicher nicht zuletzt an den dort beliebten Schleckereien. Man kauft sie am besten in Spezialgeschäften, wo sie aus Bonbongläsern in ein **poke** *(pôk;* Tüte) gefüllt werden. Wer keine Angst vor Karies hat, kann folgendes probieren:

| | | |
|---|---|---|
| **alicreesh** | *alikrîsch* | Lakritze |
| **butter scotch** | *ba'èr ßkåtsch* | Butterkaramel |
| **Edinburgh rock** | *ednbèrè råk* | *Edinburgher Felsen* Zuckerstange |
| **gundy** | *gandî* | Toffee |
| **Hawick ba** | *håik båå* | *Hawick-Ball* nach der Stadt in den Borders benanntes Lutschbonbon |
| **Jeddart snails** | *dschedèrt ßnêls* | *Jedburgh-Schnecken* nach der Stadt in den Borders benannte Toffeeart |
| **lozenger** | *låsèndschèr* | *Rauter* Bonbon in Rautenform |
| **pan drop** | *pan dråp* | *Pfannentropfen* Pfefferminzbonbon |
| **soor plooms** | *ßüür plüüms* | *saure Pflaumen* saure Drops |
| **tablet** | *tablèt* | *Tablette* weiches Butterbonbon |
| **taffie apple** | *tafîapl* | kandierter Apfel |

In kleinen Läden kann man noch viele andere Sorten oft hausgemachter Süßigkeiten kaufen. Etwas zum Schlecken findet man natürlich auch in einem **Jenny-a-things** *(dschenî ååthiñs),* einem Kramladen nach Tante Emma-Art. Heutzutage nennt man ein solches Geschäft aber meist **packie** *(pakî),* denn pakistanische oder indische Einwanderer betreiben vorzugsweise solche Gemischtwarenläden. Hier macht man auch zu abendlicher Stunde noch seine Einkäufe, was man **gettin messages** *(ge'n meßidschis),* also *Botschaften holen* nennt.

Die Kurzform **packie** von **Pakistani** ist eigentlich kein Schimpfwort, genau wie **chinkie** für Chinesen oder China-Restaurants. Nicht selten spiegelt aber der Gebrauch solcher Wörter doch rassistische Überheblichkeit wider, die im krassen Gegensatz zum Gleichheitsgebot steht, zu dem sich Schotten sonst gerne bekennen (s. Kap. Körperliches).

## Vom Wasser des Lebens und anderen Tropfen

Das berühmteste schottische Getränk ist der Whisky, auf dessen Erfindung aber auch die Iren Ansprüche erheben. Der Name kommt vom gälischen „uisge beatha" *(üschkè båå)* was soviel bedeutet wie „Wasser des Lebens". Der beste Whisky ist **Malt Whisky** *(måålt wißkî;* Malzwhisky), aus Gerstenmalz destilliert. Es gibt eine große Anzahl Sorten, die pur oder mit einem Schuß Leitungswasser verdünnt getrunken werden, niemals jedoch mit Eis.

Die gängigeren und preiswerteren Sorten sind **blends** *(blends;* Mischungen) von **malt** und **grain** *(grên;* Kornwhisky) aus ungemalzter Gerste. Falls man keine besondere Marke bevorzugt, bestellt man in der Kneipe einfach **a dram** *(è dram)* oder **a nip** *(è nip).* Alkoholika jeder Art faßt man unter den Oberbegriff **bevvy** *(bevî),* eine Abkürzung von **beverage** *(beveridsch;* Getränk).

Beim Anstoßen wünscht man sich:

| | | |
|---|---|---|
| **cheers** | **slainte** | **slainte bhath** |
| *tschîrs* | *slândsch* | *slândschè vâ* |
| *Prost!* | *Gesundheit!* | *gute Gesundheit* |

Auf den letztgenannten Ausspruch erwidert man:

**slainte mhor**
*slândschè vår*
*große Gesundheit*

Wenn Sie sich endlich einmal einen bestimmten Whisky bestellen wollten, bisher aber nicht wußten, wie man den Markennamen ausspricht, hilft hoffentlich der folgende kleine Auszug aus der Vielfalt schottischer **Single Malts:**

| | | | |
|---|---|---|---|
| **Aberlour** | *abèrlaüèr* | **Laphroaig** | *lafråik* |
| **Auchroick** | *åthraßk* | **Lochnagar** | *låchnagâr* |
| **Bunnabhain** | *bünâvèn* | **Macallan** | *mèkalèn* |
| **Cardhu** | *kardüü* | **Macphail's** | *mèkfêls* |
| **Craigellachie** | *krêgelèchî* | **Oban** | *ôbèn* |
| **Glenmorangie** | *glenmårandschî* | **Strathisla** | *ßtrathaila* |
| **Inchgower** | *intschgaüèr* | **Tomintoul** | *tåmintüül* |

Als Tip sei hier noch ein dreifach destillierter **Single Grain** namens **Cameron Brig** *(kamèrèn brig)* zum Probieren empfohlen.

Beim Bier gibt es die Wahl zwischen **heavy** *(hevî)* und **special** *(ßpeschèl),* auch **eighty** *(eitî)* und **seventy** *(ßevèntî)* genannt, nach den alten Preisen in Schilling pro Faß. Beide Sorten sind dunkel, und gehören zu der aus Kreuzworträtseln bekannten Gattung **ale** *êl.* Das **heavy** oder **eighty** ist etwas stärker; noch alkoholhaltiger und süßlicher ist das nur gelegentlich anzutreffende **ninety** *(naintî),* das ähnlich schmeckt wie ein schwarzes **stout** *(ßtaüt).* **Export** *(ekßpårt)* ähnelt dem **special,** und wer ein helles Bier bevorzugt, muß **lager** *(lâgèr)* bestellen. Maß ist das **pint** *paint,* etwas mehr als 0,5 Liter, und das **hauf-pint** *(hååf paint),* wobei der obere Glasrand jeweils als Eichstrich gilt. Getränke sind an der Theke abzuholen und sofort zu bezahlen. Geht man in Gruppen in die Kneipe, holt reihum jeder eine Runde und fragt die anderen vorher so etwas wie:

**Whit are ye for?**
*wi'ârji får*
*was bist du für*
Was magst du?

## mehr Wortschatz zum Thema Trinken

| | | |
|---|---|---|
| **Athol brose** | *athèl brôs* | Whisky mit Honig, Hafermehl und Wasser angerührt, benannt nach einem Herzog von Atholl |
| **black'n tan** | *blakntan* | *schwarz und braun* **Stout** und **Ale** zu gleichen Teilen gemischt |
| **chaser** | *tschêßèr* | *Jäger* ein kleines Bier zum Herunterspülen eines **dram** |
| **cronies** | *krônîs* | Saufkumpanen, Zechbrüder |

| | | |
|---|---|---|
| **howff** | *haüf* | *Grabstätte* Kneipe |
| **deochandorus** | *d<u>sch</u>åkèndårèß* | *Türschluck* (gäl.); ein letztes Glas vor dem Heimweg; |
| **Drambuie** | *drambjüî* | Whiskylikör; ein Wortspiel mit **dram** und **Drumbuie** |
| **Glasgow punch** | *pantsch* | kalter Rumpunsch mit Zukker, Zitrone und Limone |
| **gae on a bash** | *gê ånè basch* | *gehen auf einen Schlag* eine Zechtour machen |
| **Glayva** | *glêva* | Whiskylikör; vom gälischen Wort für „sehr gut“ |
| **hauf´n hauf** | *hååfnhååf* | *halb und halb* ein Whisky und ein **hauf-pint** |
| **irn bru** | *airèn brüü* | *Eisenbräu* eisenhaltige Limonade |
| **muneshine** | *müünschain* | *Mondschein* illegal gebrannter Whisky, benannt nach der bevorzugten Tageszeit für die Produktion |
| **nip** | | Whisky |
| **he taks a wee hauf** | *hî takßè wî hååf* | *er nimmt ein kleines Halbes* er ist ein Whiskytrinker |
| **poteen** | *påtschîn* | illegal gebrannter Whisky |
| **the real Mackay** | *<u>th</u>è rîl mèkai* | *der echte Mackay* ein guter Tropfen |
| **wee heavy** | *wî hevî* | in kleine Flaschen abgefülltes Starkbier |
| **weet ane's whistle/ thrapple** | *wît êns wißl/ thrapl* | *naßmachen seine Pfeife/ Gurgel* trinken |
| **willie-waught** | *wilîwååt* | kräftiger Schluck |

**There's an awfae drouth on me!**
*thêrsèn ååfî drüüth ån mî*
*da-ist ein fürchterlicher Durst auf mir*
Ich habe einen Höllenbrand!

**Tume yer cup!**
*tüüm jèr kap*
*leer deine Tasse*
Trink aus!

Besonders aufschlußreich ist der schier unendliche schottische Wortschatz für die verschiedenen Grade der Trunkenheit, die sich im Deutschen nur ganz ungefähr wiedergeben lassen. Hier eine kleine Auswahl:

**as fu's a piper**
*as füüsè paiper*
*so voll-wie ein Pfeifer*
voll wie ein Dudelsackbläser

**steamboats**
*ßtîmbôtß*
*dampfschiffmäßig*
besoffen

**bevvied up**
*bevîd ap*
*getränkt auf*
angesäuselt

**bleezin**
*blîsin*
*brennend*
stockbetrunken

**blin fu**
*blain füü*
*blind voll*
betrunken

**blitzed**
*blitßt*
*geblitzt(krieg)t*
stockbesoffen

**fleein**
*flîin*
*fliegend*
sternhagelvoll

**fu**
*füü*
*voll*
betrunken

**greetin fu**
*grî'n füü*
*weinend voll*
rührselig

**kyboshed**
*kaibåscht*
*gekuhfladet*
volltrunken

**steamin**
*ßtîmin*
*dampfend*
besoffen

Hier noch der letzte Vers eines schottischen Trinkliedes zur Illustration schottisch-geselliger Zechphilosophie:

**Sae fill up yer glasses, let the bottle gae roon**
*sê fil ap jèr glâßis let thè båtèl gê rüün*
**fur the sun has come up, tho the mune hae gane doon**
*fèr thè ßan has kam ap thô thè müün hê gên düün*
**an if the room be rinnin roon aboot, there's time enough tae flit**
*an if the rüüm bî rinin rüün abüüt thêrs taim înaf tê flit*
**fur when we fell, we aye got up again, an sae will we yet!**
*fèr wen wî fel wî ai gåt ap ègen an ßê wil wî jet*

Auf Deutsch nachgedichtet:
Also füllt eure Gläser, reicht die Flasche umher
denn die Sonne geht auf, scheint der Mond auch nicht mehr.
Und dreht der Raum sich auch im Kreis herum,
gehn wir noch lang nicht heim:
Wenn einer fiel, stand er halt wieder auf, und so wird's auch sein!

# (Zwischen-)Menschliches

## Begrüßung und Verabschiedung

Zur höflichen Begrüßung gebraucht man in Schottland meist tageszeitabhängige Formeln:

| | | |
|---|---|---|
| **guid morning** | *güd mårnin* | guten Morgen (vor 12 Uhr mittags) |
| **guid efternoon** | *güdeftèrnüün* | *guten Nachmittag* (nach 12 Uhr mit.) |
| **guid evening** | *güdîvnin* | guten Abend (ab ca. 6 Uhr abends) |

Das familiäre **hullo** *(hèlô)* ist zu jeder Tageszeit zu hören, genau wie **hi** *(hai)* oder **hiya** *(haija)*. Es wird oft begleitet von einem kurzen seitlichen Kopfnicken.

Üblich ist auch, sich nach dem Befinden des Gegenübers zu erkundigen, mit einer Vielfalt von Fragen, die eigentlich alle das gleiche bedeuten: Wie geht's?

| | | |
|---|---|---|
| **Hoo are ye, awricht?** | **Hoo are ye daein?** | **Hoo are ye gettin on?** |
| *hüârji årecht* | *hüârji dîin* | *hüârji ge'nån* |
| *wie bist du in-Ordnung* | *wie bist du tuend* | *wie bist du weiterkommend* |

| | |
|---|---|
| **Hoo are ye fettlin?** | **Hoo are ye diddlin?** |
| *hüârji fetlin* | *hüârji didlin* |
| *wie bist du zurechtkommend* | *wie bist du tanzend / trällernd* |

Die erste der Antworten klingt noch am positivsten:

| | | | |
|---|---|---|---|
| **No bad.** | **Hellish!** | **Terrible!** | **Dinnae ask!** |
| *nô bad* | *helisch* | *teribl* | *dinîâßk* |
| Nicht schlecht. | Höllisch! | Schrecklich! | Frag nicht! |

Man hört außerdem noch eine Menge anderer Klagen, oft eingeleitet durch ein **och / ach** *(åch / ach)*, wie wir es ja auch kennen:

**Ah'm weel scunnert!**
*âm wîl ßkanèrt*
Mir stinkt es gewaltig!

**The warld's gane gyte awthegither.**
*th̲è warlds gên gait ååth̲ègith̲èr*
Die Welt ist völlig verrückt geworden.

**We maun aye thole a wheen o trouble.**
*wî måån ai thôlè wînè trabl*
Wir müssen schon eine Menge Last ertragen.

**Ah've had a hure o a day.**
*âv hadè hüürôè dê*
*ich-habe gehabt eine Hure von einem Tag*
Ich hatte einen ganz beschissenen Tag.

**It's a sair fecht.**
*itßè ßêr fech̲t*
*es ist ein schmerzh. Kampf*
Das Leben ist hart.

Zum Abschied sagt man:

| | | | |
|---|---|---|---|
| **bye** | **cheerio** | **cheerio the noo** | **toodeloo the noo** |
| *bai* | *tschîrîô* | *tschîrîô th̲è nüü* | *tüüdèlüü th̲è nüü* |

Achtung: **cheerio** ist ein Abschiedsgruß, im Gegensatz zu **cheers!** („Prost!“ oder „Danke!“)

Für das Weggehen gibt es noch folgende Ausdrücke:

| | | | |
|---|---|---|---|
| **be aff** | **be fur aff** | **shoot the craw** | **offski!** |
| *bîaf* | *bî fèraf* | *schüüt th̲è kråå* | *åfßkî* |
| *sein weg* | *sein für weg* | *schießen die Krähe* | *ab!* |

| | | |
|---|---|---|
| **Ah'm aff.** | **Are youse fur aff?** | **Let's shoot the craw!** |
| *amaf* | *âr jüüs fèraf* | *letß schüüt th̲è kråå* |
| *ich-bin weg* | *seid ihr für weg* | *laß-uns schießen die Krähe* |
| Ich gehe. | Wollt ihr gehen? | Laß uns abhauen! |

# Feste und Feiern

Gefeiert wird in Schottland gern und ausgiebig. Mit oder ohne besonderen Anlaß kann es jederzeit eine **pairty** *(pêrtî;* Party) geben.

Zu einer solchen findet man sich oft erst nach Kneipenschluß zusammen, und auf jeden Fall ist dabei das Mitbringen eines **cairry-oot** *(kêriüüt)* Plicht. Mit diesem *Trag-aus* bezeichnet man alkoholische Getränke, die zum Mitnehmen in der Kneipe oder in einem **off-licence** *(åflaißènß),* einem Laden mit Lizenz zum Verkauf von Alkoholika erworben wurden.

Das größte Fest im Jahr ist Silvester, das in Schottland **Hogmanay** *(hågmènê)* heißt. Auch hier geht das Feiern meist mit einem Kneipenbesuch los, nachdem man sich dann in einer privateren Umgebung versammelt. Die 12-Uhr-Glocken erwarten viele auch auf der Straße, aber egal wo, zu diesem Zeitpunkt gehört das Absingen von **Auld lang syne** *(ååld lang sain)* zum festen Ritual. Die drei Wörter im Titel dieses Liedes bedeuten einzeln *alt, lang,* und *vergangen:* zusammen „die alten Zeiten", um derentwillen man mit guten Freunden einen zur Brust nimmt.

Nach Mitternacht geht man **first-fuiting** *(fèrßtfü'n).* Der **first-fuiter** *(fèrßtfütèr)* ist derjenige, der zuallererst im neuen Jahr ein Haus betritt. Es bestehen aber gute Chancen, daß die Leute, die man beehren will, gerade bei einem selber an die Tür klopfen, wenn man vor der ihren friert. Da kommt die Flasche Whisky gerade recht, die bei diesem Anlaß jeder bei sich tragen sollte. Außerdem kann man noch ein **bannock** (siehe Kapitel „Essen"), ein Stück Kohle oder auch eine Prise Salz mitnehmen, damit den Gastgebern diese Dinge im neuen Jahr nicht ausgehen.

Nach **Hogmanay** kommt der **Neerday** *(nerdê; Niemalstag),* der 1. Januar. Die Zeit danach zählt zu den freudlosesten des Jahres: Niemand hat mehr Geld, draußen ist es meist sehr ungemütlich, und der Frühling ist weit. Kein Wunder, daß um den 25. Januar herum viele die Gelegenheit wahrnehmen, den Geburtstag von **Rabbie Burns** *(rabî bèrns)* mit einer **Burns night** *(bèrns nait)* zu begehen. Der zum Nationaldichter auserkorene Bauernsohn und Poet, der von 1759–1796 lebte, wird alljährlich mit einer Vielzahl von Banketten gefeiert. Bei diesen stehen außer **Whisky** und **Haggis** (siehe Kapitel „Essen“) auch Musik, Gedichtrezitierungen, und mehr oder weniger angemessene oder geistreiche Reden auf dem Programm.

## Nicht nur der Dudelsack

Wenn es um Musik geht, führt an dem schottischsten aller Instrumente selbstverständlich kein Weg vorbei. Zuvor aber eine grundsätzliche Bemerkung: man muß bei der Suche nach typisch schottischen Klängen auf die scharfe Grenzlinie achten, die echte Volksmusik von gemachter Volkstümlichkeit trennt. Wirkliche **folk music** *(fôk mjüüsik)* ist manchmal sehr kunstvoll, aber eben nie künstlich.

Hier einige der Instrumente und Einzelteile, auf denen gespielt wird:

| | | |
|---|---|---|
| **bodhran** | *bèrân, baürèn* | Handtrommel |
| **chanter** | *tschântèr* | Melodiepfeife am Dudelsack |
| **clarsach** | *klarschach* | keltische Harfe |
| **drone** | *drôn* | Bordunpfeife am Dudelsack |
| **fiddle** | *fidl* | Geige |

| | | |
|---|---|---|
| **hieland pipes** | *hîlèn paipß* | Hochlanddudelsack: ein Mundstück zum Füllen des Luftsacks, drei **drones** *drôns* für den Dauerton, und ein **chanter** *tschântèr* fürs Melodiespiel |
| **lowland pipes / cauld wind pipes** | *lôlèn paipß* *kåål win paipß* | Tieflanddudelsack, so genannt, weil mit Blasebalg und deshalb mit im Vergleich zur Atemluft „kaltem Wind“ betrieben |
| **mouthie** | *müüthî* | Mundharmonika |
| **squeezebox** | *ßkwîsbåkß* | *Quetschkasten* Akkordeon |
| **tin whistle / penny whistle** | *tin wißl* *penî wißl* | *Blechflöte / Pfennigflöte* Flageolett |

Was man auf diesen Dingen produziert sind **tunes** *(tjüüns;* Instrumentalmelodien). Die Melodie zu einem Lied heißt **air** *(êr; Luft / Atmosphäre).* Die häufigsten Arten von Liedern und Instrumentalmusik sind folgende:

| | | |
|---|---|---|
| **ballad** | *balèd* | Ballade; ein Lied, das in schlichter Strophenform eine Geschichte erzählt |
| **bothy ballad** | *båthî balèd* | *Hütterballade:* eine Liedform aus dem Nordosten, wo Saison-Landarbeiter in einem **bothy** wohnten |
| **diddlin / mouth music** | *didlin* *maüth mjüüsik* | *Trällern / Mundmusik* eine aus der Not gemachte Kunst: Wenn getanzt werden soll, aber keine Instrumente zur Hand sind, muß man die Tanzmusik eben mit dem Mund produzieren. |

| | | |
|---|---|---|
| **jig** | *dschig* | Tanzmelodie im 6/8-Takt |
| **pibroch** | *pîbråch* | klassische Dudelsackmusik in Sinfonieform, auch: |
| **ceol mor** | *kjål mår* | *große Musik* |
| **ceol beg** | *kjål bek* | *kleine Musik* Tänze und Märsche für Dudelsack |
| **reel** | *rîl* | Tanzmelodie im 4/4-Takt |
| **slow air** | *ßlô êr* | getragene Instrumentalmelodie |
| **strathspey** | *ßtrathßpê* | Tanzmelodie im 2/4-Takt mit schluckaufartigen Verzögerungen |

Ein typisch schottisches Tanzvergnügen heißt mit dem gälischen Wort **ceilidh** *(kêlî;* Besuch). Hier wird man auch als Tourist willkommen geheißen und kann sich von Einheimischen Tänze wie die folgenden beibringen lassen:

| | | |
|---|---|---|
| **Strip the willow** | *ßtrip thè wilô* | *schäl den Weidenbaum* |
| **Dashing white Sergeant** | *daschin wait sardschènt* | *schneidiger weißer Unteroffizier* |
| **Gay Gordons** | *gê gårdns* | *lustige Gordons* |

Volksmusik wird sowohl auf Konzertbühnen als auch in Kneipen gespielt. Man sollte sich vor Ort erkundigen, wo und wann sich die ansässigen Musiker versammeln, und sich dann die **session** *(ßeschn; Sitzung)* nicht entgehen lassen. Sieht man einen oder mehrere Musiker mit verpackten Instrumenten, so sind sie meist durch eine einfache Aufforderung zum Auspacken derselben zu bewegen:

**Gie´s a tune, lads!** *gîsè tjüün lads* *gebt uns eine Melodie, Jungs*

Durch die Bereitstellung einer Runde Getränke wird die Chance, den Wunsch erfüllt zu bekommen, natürlich noch größer.

Weitere Wörter aus dem Reich der schottischen Töne:

| | | |
|---|---|---|
| **birl** | *bèrl* | *schnelle Drehung:* eine Folge von: |
| **grace notes** | *grêß nôtß* | Verziernoten auf dem Dudelsack |
| **lilt** | *lilt* | beschwingtes Hüpfen einer Melodie |
| **pipe band** | *paip band* | Dudelsackkapelle |
| **pipe major / pipie** | *paip mêdschèr / paipî* | *Pfeifenmajor* Kapellmeister einer Dudelsackkapelle |
| **pipes´n drums** | *paipsn drams* | *Pfeifen und Trommeln* Dudelsackkapelle mit Trommlern |
| **skirl** | *ßkèrl* | *Schrei:* ein hoher oder auch falscher Ton auf dem Dudelsack |

Der Dudelsack ist, obwohl heutzutage auch von Frauen gespielt, traditionell mit der Männlichkeit verknüpft. In dem Volkslied **„Maggie Lauder“** wird die Titelheldin von einem **piper** zum Tanzen angehalten; sie willigt aber erst ein, nachdem dieser sich als ein bekannter Musiker und Frauenheld zu erkennen gibt:

**Piper, quo she, hae ye yer bags, or is yer drone in order?**
*paipèr kwô schî hê jî jèr bags år is jèr drôn in årdèr*
Pfeifer, sagt sie, hast du den Sack, und ist dein „drone“ in Ordnung?

**Gin ye be Rab, ah've heard o ye – live ye upon the border?**
*gin jî bî rab âv herd è jî liv jî èpån thè bårdèr*
Bist du Robert, so hört ich von dir – lebst du nicht an der Grenze?

**The maidens aw baith near and far hae heard o Rab the Ranter,**
*thè mêdens åå bêth nîr èn fâr hê herd è rab thè rantèr*
Die Mädchen alle nah wie fern hörten von Robert dem Tollen,

**Ah'll shak mah fit wi richt guid will gin ye blaw up yer chanter.**
*âl schak ma fit wi richt güd wil gin jî blåå ap jèr tschântèr*
Ich schüttel meine Füße gern, bläst du auf deinem „chanter“.

# Sport und Spiel

## Fußball – fitba

Volkssport Nummer eins ist in Schottland **fitba** *(fitbåå),* der Fußball, in Glasgow einfach **ra gemme** *(ra geme; das Spiel)* genannt. Wer in Schottland zu Gast ist, sollte sich den Besuch eines Spiels nicht entgehen lassen. Besonders in den größeren Städten sind viele Leute **fitba daft** *(fitbåå dâft;* fußballverrückt). Beim Match zeigt man auch ungeniert die ganze Bandbreite seiner Gefühle. Hier ein paar auch international nicht ganz unbekannte Namen zur Orientierung. Hinter dem Club steht zunächst die übliche Abkürzung der Clubnamen beziehungsweise die Trikotbezeichnungen und in der letzten Spalte schließlich der Name des Stadions:

### in Glasgow

| | | |
|---|---|---|
| **Rangers** *rêndschers* | **Gers** *dschêrs* | **Ibrox** *aibråkß* |
| **Celtic** *ßeltik* | **Celts** *ßeltß* | **Parkhead** *parkhed* |

Zusammen heißen die beiden Clubs, die oft die verfügbaren Trophäen unter sich aufteilen, **the Auld Firm** *(thiååld fèrm; die alte Firma).*

### in Edinburgh

| | | |
|---|---|---|
| **Heart of Midlothian** *hartèf midlôthièn* | **Hearts, Maroons** *hartß, mèrüüns* | **Tynecastle** *tainkâßl* |
| **Hibernian** *hibèrnièn* | **Hibs, Hibees** *hibs, haibîs* | **Easter Road** *îßtèr rôd* |

## und außerhalb der beiden Metropolen

| | | |
|---|---|---|
| **Aberdeen**<br>*abèrdîn* | **Dons**<br>*dåns* | **Pittodrie**<br>*pitådrî* |
| **Dundee United**<br>*dandî jünaitid* | **Tangerines**<br>*tandscherîns* | **Tannadice**<br>*tanèdaiß* |

Länderspiele und Pokalendspiele finden im Glasgower **Hampden Park** *(hamdèn park)* statt.

## ... und andere Sportarten

Gewissermaßen zum Ausgleich für die oben genannten Spektakel besitzt Edinburgh **Murrayfield** *(marêfîld)*, die Austragungsstätte der Ländervergleiche im **Rugby** *(ragbî)*. Rugby hat seine Clubhochburgen in den ländlichen **Borders** *(bårdèrs)*, dem Grenzgebiet im Süden.

Das Mekka der Golfer ist **St. Andrews** *(ßèntandrüüs)*, aber Golfplätze gibt es überall und für jedermann. Vorwiegend im Hochland ist das **shinty** *(schintî)* zu finden. Es ist dem Feldhockey verwandt und wird auf Rasen gespielt, ist aber ähnlich rauhbeinig wie Eishockey. Besonders der Gebrauch der **caman** *(kamèn)* genannten Stöcke scheint so zügellos, daß die relativ geringe Häufigkeit schwerer Verletzungen wie ein Wunder wirkt.

Wer es ruhiger angehen lassen will, kann etwa **bools** *(büüls;* Boccia) spielen, und im Winter **curling** *(kèrlin,* Steineschießen auf Eis). Man kann auch gleich in der Kneipe Karten - **cairds** *(kêrds)* - spielen oder ein Dominospiel beginnen, wie zum Beispiel **penny chap** *(penî tschap, Pfennigklopfen)*. Wer nicht anlegen kann und stattdessen auf den Tisch klopft, muß hierbei eine Strafe zahlen. Auch bei anderen Spielen mit den **dominoes** *(dåminôs)* geht es um meist kleinere Summen.

Ähnliches gilt für das Wetten. Es gibt natürlich überall **buikies** *(bükîs; Buchmacher)*. Erlebnisreicher als ein Gang ins Wettbüro ist aber der Besuch bei den **bowwows** *(baüwaüs; Wauwaus)* oder **grews** *(grüüs)*, den *Grauen*. Diese Windhunde laufen in eigens für sie errichteten Stadien.

Sehenswert sind auf alle Fälle auch die Wettbewerbe, die unter **Highland Games** *(hailèn gêms; Hochlandspiele)* firmieren. Neben ganz normalen Laufkonkurrenzen wid hier noch mit Steinen oder mit dem **caber** *(kêbèr)* genannten Baumstamm geworfen. Weitere Disziplinen sind traditioneller Tanz und Dudelsackspiel.

# Geschichte: eine Katastrophe

Nichts ist in Schottland so gegenwärtig wie die Vergangenheit. Das Land lebt mit und zu einem nicht unerheblichen Teil auch (über den Tourismus) von seiner Geschichte. Gewisse Namen und Begriffe daraus hat jeder im Kopf und oft auch auf der Zunge, vor allem im Gespräch mit ausländischen Besuchern. Dabei findet der weit verbreitete Hang zum Klagen in der Erinnerung an mehr oder weniger große Katastrophen vor mehr oder weniger langer Zeit reichlich Stoff.

Hier eine Auswahl:

**Ally's Tartan Army**
*alîs tar'n armî*
Die Fußball-Nationalmannschaft unter Trainer Ally Macleod *(mèklaüd)*, die bei der Weltmeisterschaft von 1978 nach großen Vorschußlorbeeren enttäuschte.

**Bonnie Prince Chairlie**
*bânî prinß tschêrlî*
Der *hübsche Prinz Charles*, Anführer des zweiten und letzten Versuchs zu einer Wiedereinsetzung des Herrscherhauses Stuart 1745.

**Covenanters**
*kåvènântèrs*
Streiter für eine reformierte Kirche, deren Drang zum Märtyrertum im 17. Jahrhundert reichlich Gelegenheit geboten wurde.

**Culloden**
*kèlådn*
Letzte verlorene Schlacht 1746 unter dem oben genannten „Bonnie Prince Chairlie".

**Darien Disaster**
*dârièn disâßtèr*
Vergeblicher Versuch zur Gründung einer schottischen Kolonie auf der Landenge von Panama 1698.

| | |
|---|---|
| **Glencoe Massacre**<br>*glenkô maßèkèr* | Mord an Angehörigen des Macdonald-Clans, mit königlichem Freibrief ausgeführt von Mitgliedern des Clans Campbell 1692. |
| **Highland Clearances**<br>*hailènd klîrènßis* | Vertreibung von Hochlandbauern im 19. Jahrhundert, um Flächen für die Schafzucht freizumachen. |
| **Jacobites**<br>*dschakèbaitß* | Anhänger der 1688 ausgebooteten Stuarts, Verlierer zweier Feldzüge 1715 und 1745/46. |
| **Mary Queen o Scots**<br>*mêrî kwînè ßkåtß* | 1587 in England enthauptete schottische Königin |
| **Tay Bridge Disaster**<br>*tê bridsch disâßtèr* | Einsturz der als technisches Wunderwerk gelobten Eisenbahnbrücke über den **Tay** *(tê)* bei **Dundee** 1879. |
| **William Wallace**<br>*wiljèm wålèß* | 1305 in England auf äußerst gründliche Weise hingerichteter schottischer Unabhängigkeitskämpfer. |

Die Liste ließe sich fortsetzen. Eine Ausnahme sei zur Bestätigung der Regel genannt: mit dem Namen **Bannockburn** *(banèkbèrn)* verbindet sich der Stolz auf eine 1314 unter König Robert **the Bruce** *(thè brüüß)* gegen die Engländer gewonnene Schlacht.

**Remember Bannockburn!** Erinnert euch an Bannockburn!

steht heute noch auf Spruchbändern schottischer Fußballfans, wenn es gegen England geht. – Aber richtig gut beklagen kann man sich ja schließlich auch nur über eine unverdiente Niederlage, und so heißt das Fazit nach dem Spiel meist:

**We wuz robbed!** *wî wès råbd* Wir wurden beraubt!

# Religion: ein Kapitel für sich

In der Vergangenheit hat die Religion in Schottland sicherlich eine größere Rolle gespielt als jetzt, aber ein wichtiger Faktor ist sie immer noch. Schottland ist heute vorwiegend protestantisch, doch es gibt eine recht große katholische Minderheit. Obwohl bei weitem keine Verhältnisse wie in Nordirland herrschen, sind Spannungen zwischen den Konfessionen immer noch zu spüren.

Der endgültige Sieg der Reformation kam 1688 mit der Thronbesteigung Wilhelms von Oranien. Das niederländische Orange ist heute noch die Farbe der Protestanten, die deshalb von Katholiken mitunter als **orange bastards** *(årindsch bå̂ʒtèrds)* beschimpft werden. Auf protestantischer Seite vergilt man dies den Katholiken mit dem Schimpfnamen **Fenian scum** *(finjèn ßkam)*. **Scum** bedeutet „Abschaum"; das Eigenschaftswort **Fenian** ist vom altirischen Namen für die Iren abgeleitet. In der Tat sind Katholiken im heutigen Schottland meist Abkömmlinge irischer Einwanderer, und wenn sie Flagge zeigen, dann ist darauf das irische Grün zu sehen. Am deutlichsten wird dies auf dem Fußballplatz, wenn sich zum Beispiel in Glasgow der katholische Club **Celtic** und der protestantische **Rangers** gegenüberstehen.

Weiterer Wortschatz zum Thema Religion:

| | | | |
|---|---|---|---|
| **the Auld Kirk** | *thîââld kèrk* | *alte Kirche* | die presbyterianische schott. Staatskirche |
| **Auld Nick** | *ââld nik* | *alter Niklas* | der Teufel |
| **blackcoat** | *blakkôt* | *Schwarzkittel* | Pfarrer |
| **bluenose** | *blüünôs* | *Blaunase* | Protestant |
| **the deil** | *thè dîl* | | der Teufel |
| **elder** | *eldèr* | | Presbyter |
| **Free Kirk** | *frî kèrk* | | Freie Kirche |
| **the guid buik** | *thè güd bük* | *das gute Buch* | die Bibel |
| **hellfire'n brunstane** | *helfaièrèn branßtên* | *Höllenfeuer u. Schwefel* | Predigt mit Ausmalung der Höllenpein |
| **land o the leal** | *land ô the lîl* | *Ld. d. Getreuen* | Himmelreich |
| **left-footer** | *left füütèr* | *Linksfüßler* | Katholik |
| **nairra-nebbit** | *nera nebit* | *engnasig* | frömmlerisch |
| **pape** | *pêp* | *Papist* | Katholik |
| **piskie** | *pißkî* | *Episkopaler* | Mitglied der protest. Bischofskirche |
| **proddie** | *prâdî* | | Protestant |
| **ruid** | *rüüd* | | Kreuz |
| **Sabbath** | *ßabèth* | *Sabbat* | Sonntag |
| **sain** | *ßên* | *segnen* | das Kreuzeszeichen machen |
| **the unco guid** | *thîañkè güd* | *die allzu Guten* | Scheinheilige |
| **wee Free** | *wî frî* | *kleiner Freier* | Mitglied der **Free Kirk** |
| **whistle kirk** | *wißl kèrk* | *Pfeifenkirche* | Kirche mit der bei den strengeren Protestanten verpönten Orgel |

Hier noch ein paar Wörter aus dem Bereich, der gemeinhin als Aberglauben bezeichnet wird:

| | | |
|---|---|---|
| **banshee** | *banschî* | weiße Frau; Geistererscheinung, die Unglück ankündigt |
| **broonie** | *brüünî* | Heinzelmännchen; Kobold |
| **canny** | *kanî* | glückbringend |
| **deasil** | *deßl* | im Uhrzeigersinn (bringt Glück) |
| **gude fowk** | *güd faük* | *gute Leute* Feen, so genannt, wenn sie mithören können, sonst: |
| **wee fowk** | *wî faük* | *kleine Leute* |
| **kelpie** | *kelpî* | Wassergeist, oft als Pferd dargestellt |
| **wanchancy** | *wantschânßî* | unglückbringend |
| **withershins** | *wi<u>th</u>èrschins* | entgegen dem Uhrzeigersinn (diese Bewegung bringt Unglück) |

# ... und wie sie alle heißen

Diese kurze Auswahl schottischer Namen enthält vor allem solche, bei denen Ausspracheunsicherheiten auftreten könnten.

## männliche Vornamen

| | |
|---|---|
| **Alan** | *alèn* |
| **Alasdair, Alastair, Alistair** | *alèßtèr* |
| **Angus** | *añgèß* |
| **Cairns** | *kêrns* |
| **Donald** | *dånld* |
| **Douglas, Dougie** | *daglèß, düügî* |

| | |
|---|---|
| **Duncan** | *dañkèn* |
| **Ewan** | *jüèn* |
| **Gavin** | *gavin* |
| **Gordon** | *gårdn* |
| **Hamish, Seamus** | *hêmisch, schêmèß* gälisch für Jakob |
| **Hugh** | *chüü* |
| **Ian, Iain** | *îèn* gälische Form von Johann |
| **Jock** | *dschåk* der Allerweltsname, gilt auch als Spitzname für Schotten generell |
| **Keith** | *kîth* |
| **Kenneth, Ken** | *kenèth, ken* |
| **Malcolm** | *malkèm* |
| **Murdo** | *mèrdô* |
| **Murray** | *marê* |
| **Neil** | *nîl* |
| **Sandy** | *ßandî* Kurzform von Alexander |
| **Tam** | *tam* schottische Form von Thomas |
| **William / Wullie** | *wiljem / wulî* Wilhelm / Kurzform |

## weibliche Vornamen

| | |
|---|---|
| **Ailsa** | *êlßa* |
| **Catriona** | *kètrîna* gälische Form von Katharina |
| **Fiona** | *fiôna* |
| **Ishbel, Iseabail** | *ischbel* gälische Form von Isabel |
| **Janet** | *dschanèt* |
| **Jean** | *dschîn* schottische Form von Johanna |
| **Kirsty** | *kèrßtî* schottische Form von Christine |
| **Mairi, Mhairi** | *mârî* gälische Form von Maria |
| **Morag** | *môrag* |

# Familiennamen

| | |
|---|---|
| **Aitken** | *êkin* |
| **Baxter** | *bakßtèr* |
| **Buchanan** | *bjüükanèn* |
| **Fraser** | *frêsèr* |
| **Campbell** | *kambèl* |
| **Cockburn** | *kôbèrn* |
| **Colqohun** | *kèhüün* |
| **Craig** | *krêg* |
| **Dalziel** | *dijel* |
| **Gow** | *gaü* |
| **Grant** | *grânt* |
| **Gunn** | *gan* |
| **Laing** | *lâñ* |
| **Macdougall** | *mèkdüügèl* |
| **Macgillivray** | *mèkgilivrê* |
| **Macivor** | *mèkîvèr* |
| **Mackay** | *mèkai* |
| **Mackenzie** | *mèkensî* |
| **Mackie** | *makî* |
| **Maclean** | *mèklên* |
| **Macleod** | *mèklaüd* |
| **Macphail** | *mèkfêl* |
| **Macpherson** | *mèkfèrßèn* |
| **Macrae** | *mèkrê* |
| **McCabe** | *mèkêb* |
| **McCaig** | *mèkêg* |
| **Menzies** | *miñèß* |
| **Muir** | *mjüür* |
| **Munro** | *mènrô* |
| **Murdoch** | *mèrdåch* |
| **Reid** | *rîd* |
| **Shaw** | *schåå* |
| **Tulloch** | *talèch* |
| **Urquhart** | *èrkèrt* |

Namen mit **Mac** findet man gleich in drei Schreibweisen. Entweder mit Kleinbuchstaben nach **Mac** oder Großbuchstaben nach **Mac** bzw. **Mc**. Die Silbe ist das gälische Wort für „Sohn", und somit die Entsprechung zur germanischen Endsilbe „-son" oder „-sen".

# Bauernsprache Buchanesisch

**Buchan** *(bachèn)* ist der Name für die Region nördlich von **Aberdeen,** und ebenfalls für den hier gesprochenen Dialekt. Er ist die sozusagen am ursprünglichsten erhaltene Sprachform des Scots, weswegen man ihn auch **the Doric** *(thè dårik; das Dorische)* nennt.

Nicht unter **Buchan fowk** *(bachèn faük),* das Buchan-Volk, werden die **Aiberdonians** *(êbèrdônièns)* gezählt, die Bewohner von **Aberdeen**. Aber auch als Großstadt gehört Aberdeen von der Sprache und der Lebensart her immer noch eindeutig zum ländlichen Buchan-Gebiet mit seinen Bauern und Fischern.

Am einfachsten zu erkennen ist „Buchanesisch" an Wortanfängen, wo ein *f* ein *w* oder *h* ersetzt. Das englische „how are you?" *(hauâr jû),* auf Scots **hoo are ye?** *(hüârji),* lautet im Nordosten **foo are ye?** *(füârji).* Nach dem Befinden des anderen kann man aber genauso auch **fit-like?** *(fitlaik)* fragen, wörtlich etwa *wie was?* **Fit?** *(fit)* entspricht dem englischen „what?" *(wåt)* und dem schottischen **whit** *(wit).* Die Frage 'wo?' heißt in Buchan **far?** *(fâr),* klingt also genau wie das Wort für 'weit'. Dessen englische Lautung *(fâ)* ist aber die für die Frage **fa?,** schottisch **wha?** *(wâ)* und englisch 'who?' *(hû),* also 'wer?'

Buchan ist **the speak o the fowk** *(thè ßpikèthè faük; die Sprache des Volkes).* Wer versucht, „feines" Englisch zu reden, der „spricht" nicht, sondern er „kaut": das Zeitwort heißt dann nicht **speak** *ßpik,* sondern **knap** *knâp.* Das **kn-** am Wortanfang wird also im Gegensatz zum Englischen auch *kn* gesprochen, was es für Deutschsprachige wiederum nur einfacher macht.

Der Junge und das Mädchen heißen auf Buchanesisch **loon** *(lün)* und **quine** *(kwain)* statt des sonst im Schottischen üblichen **lad** *(lad)* und **lass** *(laß)*. Ein **chiel** *(tschîl)* ist ein „Kerl", und so gut wie jeder Mensch kann als **craitur** *(krêtèr;* Geschöpf/Kreatur) bezeichnet werden. Dies ist manchmal liebevoll und manchmal abschätzig gemeint; abschätzig vor allem, wenn das Eigenschaftswort **wee** *(wî;* klein) nicht davorsteht. Das kranke Kind ist ein **puir wee craitur** *(püür wî krêtèr; armes kleines Geschöpf)*. Bezeichnet man aber jemand einfach als **the craitur** *(thè krêtèr)*, so ist das alles andere als schmeichelhaft.

Das Wort **wee** und die verkleinernde Endung **-ie** *(î;* -chen/-lein) gebrauchen die Leute von Buchan noch wesentlich öfter als die anderen Schotten.

**Wait a minutie.**
wêtè mintî
*warte ein Minütchen*
Warte einen Moment.

**Wait a wee minutie.**
*wêtè wî mintî,*
*warte ein kleines Minütchen*
Warte einen kleinen Moment.

Aber Achtung, wenn die Endung fehlt:

**Wait a minute!**
*wêtè minit*
*warte eine Minute*
So geht das aber nicht! / Das ist ja ein starkes Stück!

Noch ein paar Bemerkungen zur Hauptstadt des Nordostens, Aberdeen. Deren Einwohner haben in Schottland den Ruf, den die Schotten insgesamt im Ausland genießen: nämlich den extremer Sparsamkeit. Dieser Ruf wird vor allem in Witzen lebendig gehalten, und jeder Besucher, der an einen guten Witzeerzähler gerät, wird feststellen, daß die Schotten selbst die schlagkräftigsten Schottenwitze haben. Hier als Kostprobe eine fiktive Schlagzeile aus der Lokalpresse: „Zwei Aberdeener Taxis zusammengestoßen – siebenundzwanzig Fahrgäste verletzt“.

Der Nordosten gilt außerdem immer noch als allertiefste Provinz, und man erzählt sich zur Illustration von zwei weiteren Schlagzeilen. Am Morgen nach dem Untergang der „Titanic“ nämlich „Bangen um Mann aus Aberdeen – wahrscheinlich auf See umgekommen“. Und noch besser, nach dem Ausbruch des Weltkriegs: **„Udny man finds giant neep“** – Mann aus Udny findet Riesenrübe. **Udny Green** *(adnî grîn)* ist ein nur auf sehr guten Landkarten zu findendes Dörfchen im nördlichen Hinterland von Aberdeen: für die Lokalzeitung aber dennoch eher einen Aufmacher wert als das weit entfernte Kriegsgeschrei.

Wer mag, kann sich im Archiv des **„Aberdeen Press & Journal“** *(abèrdîn preßn dschèrnèl)* vom Wahrheitsgehalt dieser gleichermaßen bos- wie glaubhaften Behauptungen überzeugen. Der Inbegriff des Provinziellen ist aber dennoch nicht die Metropole Aberdeen, sondern Buchans heimliche kleine Hauptstadt **Banff.** Deshalb sagt man auch:

**Gang tae Banff!**
*gañ tê bânf*
*geh nach Banff*
Geh doch zum Teufel!

Hier noch der Prolog zu „Max und Moritz“ in der Buchan-Übersetzung von **Derrick McClure** *(derik mèklüür):*

**Losh! Foo aft we hears or reads tales o royit loonies' deeds!**
*lôsch füü âft wî hîrs år rîds têls è råjit lünis dîds*
**Jist like iss twaa nickums bad: Mac an Matthy's fit ey're caad.**
*dschißt laik ïß twâ nikèms bâd mâk èn mâthîs fit êr câd*
**Steid o livin douce an genty, takin heed o wysins tenty,**
*ßtîd è livin düüß èn dschentî tâkin hîd ô waisins tentî*
**ey wad seener lach an snirt, turnin rede tae hidlin chirt.**
*ê wad ßîner lâch èn ßnèrt tèrnin rîd tê hialin tschèrt*

Gott! Wie oft hören oder lesen wir
Geschichten von den Taten wilder Knaben.
Genau wie diese zwei schlechten kleinen Teufel:
Mac und Matthy werden sie gerufen.
Statt anständig und ehrbar zu leben,
auf gute Ratschläge zu hören,
mögen sie eher lachen und kichern,
guten Rat in heimlichen Spott verkehren.

# Großstadtsprache Glescaranto

**Glasgow** ist die weitaus größte Stadt Schottlands, und der Glasgower Dialekt ist eigentlich noch weiter verbreitet. Man spricht ihn im Industriegebiet um Glasgow herum, das mit Orten wie **Motherwell** *(mat̲h̲èrwel)* oder **Paisley** *(pêslî)* eine Art schottischen Kohlenpott bildet. Die Sprache dieser Region ist dem Ruhrgebietsdeutsch sehr ähnlich: in ihr lebt eine gehörige Portion Mutterwitz, aber auch etwas als irgendwie „unfein" Angesehenes. **Sean Connery** *(schåån kånèrî)* mit seinem Edinburgher Akzent paßte als James Bond-Darsteller: hätte er in Glasgow statt in Edinburgh Milch ausgetragen, dann wäre ihm diese wie manche andere Rolle wohl nicht zugefallen.

Vielleicht wäre er dann Komiker geworden. Eigentlich sind das alle Bewohner Glasgows mehr oder weniger, und ihr berühmtester Profi **Billy Connolly** *(bilî kånèlî)* braucht auf der Bühne keine andere Rolle zu spielen als sich selber. Grundlage des Glasgower Humors ist das Lachen über die eigenen Eigenheiten, bei der Sprache angefangen. Glasgower Konversation heißt **ra patter** *(ra pa'èr;* das Klappern), und gehört dort zu jedem Handwerk. Es sind natürlich auch die Arbeitslosen eingeschlossen, die auf **ra broo** *(ra brüü; das Büro),* also das Arbeits- beziehungsweise das Sozialamt angewiesen sind. Hier kann man die Rolle des Humors als Überlebenstechnik vielleicht am deutlichsten sehen. Doch egal ob mit oder ohne Job: ein schweigsamer **Glaswegian** wäre so etwas wie ein vegetarischer Löwe.

In Anlehnung an die künstlich-einfach geschaffene Sprache Esperanto ist der Glasgower Dialekt auch **Glescaranto** genannt worden. Diese Bezeichnung ist sehr ironisch gemeint: die leichte und universelle Verständlichkeit von Esperanto ist so ziemlich das Gegenteil des für Außenstehende oft rätselhaften „Glasgowitisch". Verständnisschwierigkeiten ergeben sich allein schon dadurch, daß stark verkürzt und zusammengezogen wird, wie in folgendem Beispiel:

| | Englisch | Glasgowitisch |
|---|---|---|
| das Flugzeug | **aeroplane** | **airie** |
| | *ääreplein* | *êrî* |
| Wo ist das Flugzeug? | **where is the aeroplane?** | **wherra airie?** |
| | *wäris thiääreplein* | *wêraêrî* |
| Da ist das Flugzeug! | **there is the aeroplane!** | **erra airie!** |
| | *thäris thiääreplein* | *êraêrî* |
| Da ist das andere | **there is the other aeroplane!** | **erra arra airie!** |
| Flugzeug! | *thäris thîathèr ääreplein* | *êraaraêrî* |

Klingt es statt *(ara)* nun aber *(âra),* heißt das **are the,** wie im Glasgower Slogan **we arra peepel!** *(wîâra pîpèl;* wir sind das Volk!) Dagegen bedeutet *(åára)* **all the,** wie in **aura bess!** (*åárabeß; all das Beste;* alles Gute). Besonderheiten im Satzbau, wie zum Beispiel daß das Wörtchen **but** *(bat;* aber) fast grundsätzlich an das Satzende gehängt wird, fallen im Vergleich mit solchen Zusammenziehungen als Verständigungsklippen fast nicht ins Gewicht. Gelegentlich verlängert man jedoch auch ein Wort von einer auf zwei Silben, wie in der Lautung *fillèm* für **film.**

Auf der nächsten Seite aber noch ein paar typische Verkürzungen. Um zu zeigen, wie wirklich gesprochen wird, muß man dabei die Dialektschreibung schon bis zur Groteske übertreiben. Der komische Verwirrungseffekt ist dabei aus Glasgower Sicht durchaus gewollt. Man betont den aus der Sicht pedantischer Schulmeister „falschen“ oder „unfeinen“ Sprachgebrauch und macht sich einen Spaß daraus, daß ihn nicht jeder gleich versteht.

| Glasgowitisch | Englisch | Übersetzung |
|---|---|---|
| **issiz** *ißis* | **this is** | das ist |
| **izzis?** *isiß,* **zat?** *sât* | **is this / is that ...?** | Ist das ...? |
| **jink** *dschink* ? | **do you think ...?** | Denkst du, ...? |
| **ustae** *jüüßtî* | **used to** | pflegte (Gewohnheit) |
| **wanieas** *wanîas* | **one of us** | einer von uns |
| **Whijiehink?** *widschîhiñk* | **what do you think?** | Was denkst du? |
| **Yawritejemme?** *jååraitdscheme* | **are you all right, mate?** | Bist du okay, Kumpel? |
| **zeroany** *sêrônî* | **is there any** | Gibt es/Habt ihr ...? |
| **zloatyat** *slô'îa'* | **there is a lot of it** | Es gibt jede Menge. |

Noch rätselhafter ist der Reimslang, wie man ihn sonst nur noch bei den Londoner Cockneys oder in Australien findet. In Glasgow heißt zum Beispiel „Kumpel" auch **china** *(tschaina)*. Das kommt folgendermaßen zustande: zu dem eigentlich gemeinten Wort **mate** *(mêt)* wird ein Reim gesucht, hier **plate** *(plêt;* Teller). Nun denkt man an einen gebräuchlichen Ausdruck, bei dem das Reimwort den zweiten Teil bildet: hier ist das **china plate** (Porzellanteller). Der erste Teil des Ausdrucks ersetzt dann das ursprünglich Gemeinte, und es ist klar, daß nun keine sichtbare Verbindung zwischen Inhalt und Ausdruck mehr besteht: man muß halt den Geheimcode kennen, oder aber um die Ecke raten.

Hier folgt noch einmal der Prolog zu „Max und Moritz“ – dieses Mal allerdings in der Glasgow-Übersetzung von **Stephen Mulrine** *(ßtîvèn mèlrîn):*

**Haw, the wicked things weans dae,**
*håå the wikid thiñs wêns dê*

**ye read ur hear aboot, lik say**
*jè rîd èr hîr èbüüt lik ßê*

**fir instince these two, ay –**
*fèr inßtinßè thîs tüü ai*

**Matt an Malkie, as thur cried.**
*ma'n malkî as thèr kraid*

**Well, insteid a daein right,**
*wel inßtîd è dêin rait*

**they wur bad, jist oota spite.**
*thê wèr bâd dschißt üü'è ßpait*

**They'd nae time fur Moral Books,**
*thêd nê taim fèr môrèl büükß*

**sniggered it thum up thur jouks**
*ßnigèrd èt thèm ap thèr jüükß*

Ha, die bösen Dinge, die Kinder tun
über die du liest oder hörst, wie, sagen wir
zum Beispiel diese beiden, ja –
Matt und Malkie, wie sie gerufen werden.
Nun, anstatt Rechtes zu tun,
waren sie schlecht, nur aus Boshaftigkeit.
Sie hatten keine Zeit für Moralische Bücher,
kicherten darüber in ihre Jacken.

# Sammelsurium der Alltagssprache

## Ausrufe

**Awa!**
*ewåå*
*weg*
Blödsinn!

**Magic!**
*madschik*
*Zauberei*
Toll!

**Ooya(bass)!**
*üüjabâß*
*oh-du-(Bastard)*
Verflucht!

**Help ma bob!**
*help ma bååb*
*hilf mir Bob(Gott)*
Himmel hilf!

**Rubbish!**
*rabisch*
*Abfall*
Mist!

**Smashin!**
*ßmaschin*
*zertrümmernd*
Stark!

**Dinnae fret!**
*dinè fret*
*zitter nicht*
Mach dir keine Sorgen!

**Drap deid!**
*drap dîd*
*fall tot*
Leck mich am Arsch!

**Ooyabeauty!**
*üüjabjüütî*
*oh-du-Schönheit*
Das ist Spitze!

**The game´s a bogey!**
*thè gêmsè bôgî*
Das ist Beschiß!

**Ye cannae whack it (wi big sticks)!**
*ji kanî wakit wi big ßtikß*
*du kannst-nicht schlagen es (mit gr. Stöcken)*
Das ist unschlagbar / das Größte!

**Fegs!**
*fegs*
Mensch!

**Jings!**
*dschiñs*
Verflixt!

**Shite!**
*schait*
Scheiße!

**Mechty me!**
*mechtî mî*
Allmächtiger!

**Awa an bile yer heid!**
*èwåå èn bailjèr hîd*
*weg und koch deinen Kopf*
Zieh Leine! / Laß mich in Ruhe!

**It's a dawdle!**
*itßè dåådl*
*es-ist ein Spaziergang*
Kinderspiel! / Leichtigkeit!

## Berufe

| | | |
|---|---|---|
| **baxter** | *bakßtèr* | Bäcker |
| **dominie** | *dåminî* | Lehrer |
| **factor** | *faktèr* | Gutsverwalter |
| **flesher** | *fleschèr* | Fleischer |
| **grieve** | *grîv* | Betriebsleiter / Vorarbeiter |
| **laird** | *lêrd* | Gutsherr / Lord |
| **souter** | *ßüütèr* | Schuster |
| **wabster** | *wabster* | Weber |
| **high-heid yins** | *haihîdjins* | *Hochköpfige* die da oben |

## Charaktereigenschaften

| | | |
|---|---|---|
| **coorse** | *küürß* | *grob* ungehobelt; flegelhaft |
| **douce** | *düüß* | *süß* angenehm; vertrauenswürdig |
| **fause** | *fååß* | falsch |
| **gallus** | *galèß* | frech; boshaft; verantwortungslos |
| **kenspeckle** | *kenßpekl* | bekannt wie ein bunter Hund |
| **kent** | *kent* | bekannt |
| **hae smeddum** | *hê ßmedèm* | *haben Dampf* nicht unterzukriegen |
| **snell** | *ßnel* | voreilig |
| **thrawn** | *thråån* | halsstarrig |

## Diskussion / Auseinandersetzung

**Keep yer hair on!**
*kîp jèr hêrån*
*behalt dein Haar auf*
Krieg dich wieder ein!

**Keep the heid**
*kîp thè hîd*
*behalt den Kopf*
Nur die Ruhe!

| **tak a tellin!** | **Hae a word wi yersel!** |
|---|---|
| *takè telin* | *hêè wèrd wi jèrßel* |
| *nimm eine Erzählung* | *hab ein Wort mit dir-selbst* |
| Laß dir was sagen! | Das meinst du doch nicht im Ernst! |

| | | | |
|---|---|---|---|
| **argy-bargy** | *ardschîbardschî* | | Streit / streiten |
| **baur** | *båår* | | Streich |
| **coorie doon** | *küürî düün* | *bück dich* | leise! |
| **flyte** | *flait* | | beschimpfen |
| **havers!** | *hêvèrs* | *Hafer* | Schwachsinn! |
| **hoots!** | *hüütß* | | ach wo! / Nie im Leben! |
| **lugfu** | *lagfüü* | *Ohrvoll* | Standpauke, Beschwerde |
| **recht** | *rècht* | | richtig |
| **tak tent** | *tak tent* | | Obacht / Paß auf! |
| **wheesht!** | *wîscht* | | leise! |
| **wrang** | *rañ* | | falsch |

## Erziehung

| | | |
|---|---|---|
| **academy** | *èkadèmî* | Gymnasium |
| **accies** | *akîs* | Pennäler |
| **copy** | *kåpî* | Abkürzung für: |
| **copy-buik** | *kåpîbük* | *Kopierbuch* Schreibheft |
| **dux** | *dakß* | Primus |
| **Highers** | *haièrs* | *Höhere* Abiturprüfungen |
| **jotter** | *dschåtèr* | Schreibheft |
| **Os, O-grades** | *ôs, ôgrêds* | *Normale Grade* Mittlere Reife |
| **tawse** | *tåås* | der in Schulen nicht mehr ganz so oft gebräuchliche Lederriemen, nach einem Herstellungsort auch als **Lochgelly** *(låchgelî)* bekannt |

## Familie

| | | |
|---|---|---|
| **bairns, weans** | *bêrns, wêns* | Kinder |
| **grampaw & grannie** | *grampåå/granî* | Opa & Oma |
| **gudeman** | *güdman* | *guter-Mann* Ehemann |
| **gudewife** | *güdwaif* | *gute-Frau* Ehefrau |
| **mairrit on** | *marît ån* | verheiratet mit |
| **waddin** | *wadn* | Hochzeit |
| **wee yins** | *wî jins* | die Kleinen |

## Fortbewegung

| | | |
|---|---|---|
| **burl the wilkies** | *bèrl thè wilkîs* | *die Wildkatzen drehen:* Purzelbäume schlagen |
| **(tak a) dauner** | *takè dåånèr* | spazierengehen, schlendern |
| **be gallivantin / stravaigin** | *galivân'n / ßtravêgin* | umherstreunen |
| **lowp** | *laüp* | springen, hüpfen |
| **rin** | *rin* | laufen |
| **skite** | *ßkait* | (aus)rutschen, schlindern |

## Fragen / Bitten / Danken

| | | |
|---|---|---|
| **dinnae fash (yersel)!** | *dinè fasch jèrße!* | mach keine Umstände! |
| **not on yer nelly (duff)** | *nå'njèr nelî daf* | vergiß es!, nie im Leben! |
| **see** | *ßî* | *sehen:* geben - wie in: |
| **see's yon paper!** | *ßîsjån pêpèr* | gib mal die Zeitung da! |
| **speir at** | *ßpîr at* | (jemanden) fragen |
| **speir fur** | *ßpîr fèr* | fragen nach |
| **be no wantin** | *bî nô wân'n* | nicht wollen / brauchen |

## Geld

| | | |
|---|---|---|
| **bien** | *bîn* | wohlhabend |
| **canny** | *kanî* | sparsam / vorsichtig |
| **gear** | *gîr* | Vermögen / Hab und Gut |
| **glamshach** | *glamschach* | raffgierig |
| **nip-scart** | *nipßkart* | *Krümelkratzer* Geizkragen |
| **siller** | *ßilèr* | *Silber* Moneten |
| **skint** | *ßkint* | *abgehäutet* pleite |

**keep ane´s bawbees thegither**
*kîp êns båbîs thègithèr*
*halten seine halben-Pennys zusammen*
knauserig sein

**birl ane´s bawbees**
*bèrl êns båbîs*
*drehen seine halben-Pennys*
sein Geld springen lassen

Den **bawbee** gibt es nur noch in Redensarten – das Ein-Penny-Stück ist jetzt die kleinste Münze.

## Gemütszustände

| | | |
|---|---|---|
| **begrutten** | *bîgra'n* | *beweint* verheult |
| **be black affrontit** | *bî blakèfrantit* | *schwarzstirnig sein* sich abgrundtief schämen |
| **dowy** | *daüî* | traurig, trist |
| **be far ben wi** | *bî fâr ben wi* | *weit drinnen sein mit* einen Stein im Brett haben |
| **be feart fur / feart at** | *bî fîrt fèr/fîrt at* | Angst haben vor |
| **gyte / wuid** | *gait / wüd* | übergeschnappt / durchgedreht |
| **sittin on preens** | *ßi'nån prîns* | *sitzend auf Nadeln* auf heißen Kohlen |

## Lust / keine Lust haben

| | | |
|---|---|---|
| **be ettlin tae** | *etlin tê* | versessen darauf sein (etwas zu tun) |
| **be fain tae** | *fên tê* | heiß darauf sein (etwas zu tun) |
| **be sweir tae** | *ßwîr tê* | abgeneigt sein (etwas zu tun) |

**Ah could dae wi a bevvy!**
*âküd dê wîè bevî*
Etwas Alkohol würden mir jetzt echt gut tun!

## Die Nation und ihre Symbole

| | | |
|---|---|---|
| **Alba** | *alba* | gälischer Name für Schottland |
| **Caledonia** | *kaledônia* | lateinischer Name für Schottland |
| **Lion Rampant** | *laièn rampènt* | Wappentier Schottlands, aufrechter Löwe, rot auf gelbem Grund |
| **Saltire** | *ßååltaièr* | die schottische Fahne: weißes Andreaskreuz auf blauem Grund |
| **St. Andrews** | *ßentandrüüs* | St. Andreas, der Schutzparton Schottlands (sein Gedenktag fällt auf den 30. November) |
| **Thistle** | *thißl* | Distel (Wappenblume Schottlands) |

## Schmutz / Reinlichkeit

| | | |
|---|---|---|
| **clarty** | *klartî* | dreckig |
| **dicht** | *dicht* | putzen, saubermachen |
| **manky** | *mañkî* | versaut (auch im übertragenen Sinne) |
| **mingin** | *miñin* | übelriechend |

## Steigern / Abschwächen von Aussagen

| | | |
|---|---|---|
| **a bittie** | *è bitî* | ein wenig |
| **fair** | *fêr* | ganz schön |
| **fell** | *fel* | (zu) sehr |
| **fine** | *fain* | (sehr) gut / genau |
| **gey** | *gai* | ziemlich |
| **sair** | *ßêr* | sehr (im negativen Sinne) |
| **unco** | *añkè* | (zu) sehr |
| **a wheen** | *è wîn* | ein wenig |

**The man's sair altert**
*thè mâns ßêråältèrt*
*Der Mann-ist sehr verändert.*
Mit dem ist nichts mehr los.

**Aye, the nechts are fair drawin in.**
*âi thè nèchtsâr fêr dråäinin*
*ja, die Nächte werden ganz schön kurz*
Der Gesprächsstoff geht uns aus.

**Ye ken that fine!**
jè ken that fain
*du weißt das genau*
Das weißt du nur zu gut!

## Tabakgenuß

| | | |
|---|---|---|
| **backy** | *bakî* | Tabak |
| **bogie roll** | *bôgî rôl* | zum Strang gedrehter Pfeifentabak |
| **doup, dowt** | *daüp, daüt* | *Hintern* Zigarettenstummel |
| **draw** | *dråå* | (Zug an der) Zigarette |
| **fuff** | *faf* | paffen |
| **mill** | *mil* | Schnupftabaksdose |
| **reek** | *rîk* | qualmen |
| **spleuchan** | *ßplüüchèn* | Tabaksbeutel |
| **spunks** | *ßpañkß* | *Funken* Streichhölzer |

## Zeit

| | | |
|---|---|---|
| **dawin** | *dååin* | Morgengrauen |
| **gloamin** | *glômin* | Abenddämmerung |
| **hauf ...** | *hååf* | halb ... (Achtung: siehe unten!) |
| **mirk** | *mèrk* | Dunkelheit |
| **the noo** | *thè nüü* | jetzt |
| **nune** | *nüün* | Mittag |
| **the back o ...** | *thè bakè* | kurz nach ... |
| **the day** | *thè dê* | *der Tag* heute |
| **the necht** | *thè necht* | *die Nacht* heute abend |
| **yestreen** | *jeßtrîn* | gestern abend, gestern nacht |

**howe o the necht**
*haüè thè nècht*
*Senke der Nacht*
Mitternacht

**the morn / the morra**
*thè mårn / thè måra*
*der Morgen*
morgen

**the morn's morn**
*thè mårns mårn*
*der Morgen von morgen*
morgen früh

**the wee sma hoors**
*die kleinen kleinen Stunden*
*thè wî småå üürs*
die Zeit nach Mitternacht

**Achtung!**
Nennt man die Uhrzeit zur halben Stunde, so wird immer die vergangene Stunde genannt und nicht wie im deutschen die kommende:

**hauf three**
*halb drei*
halb vier

## Zweifeln / Glauben

**Aye, that'll be recht.**
*ai tha'l bî rècht*
*ja, das-wird sein richtig*
Du kannst mich nicht verarschen!

**Ah hae mah doots.**
*â hê mâ düüts*
*ich habe meine Zweifel*
Das ist höchst unglaubhaft

Als Zeitwort kann **doot** aber auch das Gegenteil ausdrücken:

**Ah doot ye winnae need a brollie.**
*ich zweifle du wirst-nicht brauchen einen Schirm*
Ich glaube, du wirst keinen Schirm brauchen.

**Ah dootnae but it'll rain.**
*ich zweifel-nicht aber es-wird regnen*
Ich bin sicher, es wird regnen.

# Von Arschloch bis Zuckermaus

Wie in eigentlich jeder Sprache gibt es auch im Schottischen einen großen Vorrat von Beschimpfungen, denen eine relativ kleine Anzahl von freundlichen oder gar zärtlichen Anreden gegenübersteht. Das Mißverhältnis ist in Schottland aber wohl noch etwas extremer als anderswo, was seine Wurzeln in der Einstellung zur Liebe hat. Es gehört immer noch vor allem zum männlichen Stolz, dem sogenannten schwachen Geschlecht gegenüber wenigstens in der Öffentlichkeit keine allzu starken Gefühle zu zeigen. So kann sich ein beginnender Flirt durch Aufforderung zum Tanz folgendermaßen anhören:

| Mann: | Frau: | Mann: | Frau: |
|---|---|---|---|
| **Are ye dancin?** | **Are ye askin?** | **Aye, Ah'm askin.** | **Awrecht, Ah'm dancin.** |
| *âr ji dânßin* | *âr jiâßkin* | *ai amâßkin* | *âârechtam dânßin* |
| Tanzt du? | Fragst du? | Ja, ich frage. | OK, ich tanze. |

Hierauf mag ein **tryst** *(traißt;* Stelldichein) vereinbart werden. Aber es ist auch dann unwahrscheinlich, daß die beiden beteiligten Personen sich mit **dearie** *(dîrî;* Liebchen) oder **mah jo** *(madschô;* meine Freude) betiteln. Gebräuchlich sind Kosenamen dagegen unter völlig Fremden oder flüchtig Bekannten. Wer von einer älteren Person mit **dear** *(dîr)* oder **luv** *(lav)* angesprochen wird, kann das getrost einfach als Zeichen von Freundlichkeit hinnehmen.

Eine junge Frau wird von Älteren beiderlei Geschlechts in freundlicher Absicht oft **hen** *(hen;* Henne) gerufen und sollte deswegen nicht beleidigt reagieren. Männer werden oft mit **pal** *(pal;* Kumpel) angeredet, oder – vor allem in Glasgow – einfach als **Jemme** *(dscheme;* Jimmie), egal ob sie nun diesen Vornamen tragen oder nicht.

# Ausgewählte Beschimpfungen

## ... über ihn

| | | | |
|---|---|---|---|
| **bauchle** | *bâchl* | *ausgelatschter Schuh* | Tattergreis/-in |
| **bletherskate** | *bleththèrßkêt* | *Plauder-Kathi* | Laberkopf |
| **chancer** | *tschânßèr* | *Riskierer* | Gauner |
| **coof** | *küüf* | | Schurke/ Taugenichts |
| **dour brute** | *düür brüüt* | *mürrisches Vieh* | Miesepeter |
| **eejit** | *îdschit* | | Idiot |
| **fouter** | *füütèr* | | Nervensäge (auch für Kinder) |
| **fushionless fuil** | *füschènlèß füül* | *saftloser Narr* | Windei |
| **glaikit get** | *glêkit get* | *kindischer Bastard* | Traumtänzer |
| **gobshite** | *gâbschait* | *Maulscheißer* | Schwätzer |
| **gomerel** | *gâmèrèl* | *Nichtblicker* | Einfaltspinsel |
| **gowk** | *gaük* | *Kuckuck* | Depp |
| **jessie** | *dscheßî* | | Weichling |
| **nyaff** | *njaf* | *Kläffer* | Null |
| **puddin** | *püdn* | *Pudding* | Tölpel |
| **puddock** | *padèk* | *Frosch* | Fiesling |
| **sweetie-wife** | *ßwîtî waif* | *Bonbonfrau* | Klatschtante |
| **tattie bogle** | *tatî bôgl* | *Kartoffelschreck* | Vogelscheuche |
| **tink** | *tiñk* | *Kesselflicker* | Asozialer |
| **tinkler** | *tiñklèr* | *Kesselflicker* | Giftzwerg |
| **toff** | *tâf* | | Pinkel / Angeber |
| **yap** | *jap* | *Japser* | Schandmaul |

## ... über sie

| | | | |
|---|---|---|---|
| **besom** | *bîsèm* | Besen | liederliches Weib |
| **bessie** | *beßî* | | Strauchbesen |
| **carline** | *karlin* | | alte Hexe |
| **dally-doll** | *dalîdål* | Püppchen-Puppe | Modepüppchen |
| **hempy** | *hempî* | Hänfchen | Wildfang |
| **hure** | *hüür* | Hure | Luder |
| **jaud** | *dschååd* | Mähre | Olle |
| **limmer** | *limèr* | | Flittchen |
| **midden** | *midn* | Misthaufen | Dreckfink (auch Kinder) |

# Körperliches

Hier zunächst schottische Wörter für diverse Körperteile:

| | | | | | |
|---|---|---|---|---|---|
| **airm** | *erm* | Arm | **hert** | *hêrt* | Herz |
| **bag** | *bag* | Bierbauch | **kits** | *kitß* | Fesseln |
| **bane** | *bên* | Knochen | **lichts** | *lichtß* | Lungen |
| **breist** | *brîßt* | Brust | **link** | *liñk* | Gelenk,Wirb. |
| **broo** | *brüü* | Braue, Stirn | **lug** | *lag* | Ohr |
| **chowks** | *tschaükß* | Wangen, Kief. | **neb** | *neb* | Nase |
| **dowp** | *daüp* | Hintern | **nieve** | *nîv* | Faust |
| **elba** | *elba* | Ellenbogen | **oxter** | *åkßtèr* | Achselhöhle |
| **fuit** | *füt* | Fuß | **pinkie** | *piñkî* | kl. Finger |
| **haund** | *håån* | Hand | **shouther** | *schüüthèr* | Schulter |
| **heid** | *hîd* | Kopf | **thrapple** | *thrapl* | Kehle |
| **harns** | *harns* | Hirn | **wame** | *wêm* | Bauch |

Etwas inoffizieller klingt da schon:

| | | |
|---|---|---|
| **bubbies** | *babîs* | Titten |
| **fud** | *fad* | Fotze |
| **hurdies** | *hèrdîs* | Hüften, Arschbacken |
| **Jock Tamson** | *dschåk tamßèn* | Schwanz |
| **whang** | *wañ* | *Riemen* Schwanz |
| **willie** | *wilî* | *Wilhelm* Schwanz |

**We're a Jock Tamson's bairns**
*wîråå dschåk tamßèns bêrns*
*wir-sind alle Jock Tamsons Kinder*
Wir wurden alle auf dieselbe Art gezeugt,
egal welcher Klasse oder Rasse wir angehören.

Folgender Wortschatz gehört zum Zeugungsakt:

| | | |
|---|---|---|
| **cullie** | *kalî* | streicheln, befingern |
| **fyke** | *faik* | Flirt, Seitensprung |
| **hochmagandy / houghmagandy** | *hâchmagandî / hüüchmagandî* | Unzucht |
| **kinoodle** | *kinüüdl* | knuddeln, knutschen |
| **kittle** | *ki'l* | aufgeilen |
| **lowp-hunt** | *laüphant* | *Sprungjäger* Weiberheld |
| **mow** | *maü* | *mähen:* bumsen |
| **radge** | *rad<u>sch</u>* | geil; wild, verrrückt |

Auffällige Körpereigenschaften positiver oder negativer Art werden folgendermaßen beschrieben:

| | | |
|---|---|---|
| **bleart** | *blîrt* | verlebt, verkommen |
| **braw** | *brââ* | schön, hübsch, stattlich |
| **cutty** | *katî* | kurz, untersetzt |
| **girthy** | *gèrthî* | korpulent, fett |
| **hirplin** | *hèrplin* | hinkend |
| **muckle** | *makl* | groß, stämmig |
| **peely-wally** | *pîlîwalî* | bleich, kränklich |
| **shilpit** | *schilpit* | eingefallen, verhungert |
| **sonsy** | *ßânßî* | schön, gutgenährt (Frau oder Kind) |
| **a stoater** | *è ßtô'èr* | eine Schönheit |
| **strang** | *ßtrañ* | stark, kräftig |
| **swanky** | *ßwañkî* | fit, athletisch |
| **wersh** | *wèrsch* | schwächlich, ungesund |

Die Körperfunktionen, denen man meist allein und in aller Stille ihren Lauf läßt, haben natürlich auch ihr eigenes Vokabular:

| | | |
|---|---|---|
| **bock, boak** | *båk, bôk* | rülpsen; kotzen |
| **jobbie** | *dschåbî* | Schiß, Haufen |
| **pish** | *pèsch* | pissen; Pissen |
| **shite** | *schait* | scheißen; Schiß |
| **skitters** | *ßkitèrs* | Dünnpfiff |

## Krankheiten

Das letztere führt schon in den Bereich der Krankheiten. Hat man Schmerzen, so gebraucht man das Eigenschaftswort **sair** *(ßêr;* wund):

**Mah fit are sair.**
*ma fit âr ßêr*
*meine Füße sind wund*
Meine Füße tun weh.

**Ah hae a sair tuith**
*ahêè ßêr tüüth*
*ich habe einen wunden Zahn*
Ich habe Zahnweh.

| | | | |
|---|---|---|---|
| **belly-thraw** | *belîthråå* | *Bauchzwirnen* | Magenschmerzen |
| **grip** | *grip* | *Griff* | stechender Schmerz |
| **knackered** | *nakèrt* | *vom Abdecker bearb.* | totmüde |
| **mirligoes** | *mèrligôs* | *karierter Dreher* | Schwindelanfall |
| **stooky** | *ßtükî* | *Stück* | Gips |

**a sarkfu o sair banes**
*è ßarkfüüè ßêr bêns*
*ein Hemdvoll von wunden Knochen*
jemand, dem alles weh tut

# Lese- und Hörtips

– **Collins Pocket Scots Dictionary** (Harper Collins)
– **The Scots thesaurus** (Aberdeen Univ. Press)
– David Purves, **A Scots grammar** (Saltire Society)
– David Murison, **The guid Scots tongue** (William Blackwood & Sons)
– J. D. McClure u. a., **The Scots language: planning for modern usage** (Ramsay Head Press)
– Manfred Görlach (Hg.), **Wilhelm Busch: Max und Moritz. In English dialects and creoles** (Helmut Buske Verlag) (wegen des bereits bekannten Inhalts zum Lernen ideal)
– William Laughton Lorimer (Übersetzer), **The New Testament in Scots** (Penguin).

Einen Einstieg in die Dialekte des Nordostens und des Glasgower Raums kann man durch die Romane **Sunset Song** von **Lewis Grassic Gibbon** und **The Busconductor Hines** von **James Kelman** bekommen. Mit dem Klang dieser beiden Sondersprachen kann man sich durch Aufnahmen des Komikertrios **Scotland the what?** bzw. des im Glasgow-Kapitel erwähnten **Billy Connolly** vertraut machen. Den Zungenschlag der Halbinsel **Fife** hört man auf Platten des Duos **The Proclaimers**.

Wer sich hier ein bißchen eingehört hat, sollte mit keiner Variante des Scots mehr allzu große Schwierigkeiten haben, und kann auch die Erzählungen in folgender Sammlung von Geschichten in „purem" Scots aus allen möglichen Gegenden Schottlands genießen:
– James Robertson (Hg.), **A Tongue in yer Heid** (B & W)

Auch der Besuch im Kino kann schließlich zur Vorbereitung auf eine Schottlandreise dienen. Die Filme von **Bill Forsyth** sind besonders empfehlenswert und populär genug, damit man sie hierzulande auch im Original zu sehen bekommt. **Gregory's girl** ist dabei sprachlich am interessantesten, wenn auch **Local hero** leichter zu finden sein dürfte.

# Register

Auf den folgenden Seiten finden Sie ein alphabetisch geordnetes Verzeichnis der meisten Begriffe, die in diesem Buch vorkommen.

Es soll den Leserinnen und Lesern behilflich sein, die ein Wort in irgendeinem Zusammenhang gehört haben, aber nicht wissen, was es bedeutet. Hinter jedem Wort steht die Seitenzahl der Seite, auf der das jeweilige Wort auftaucht.

## ■ C



## ■ D

## ■ E



## ■ F



## ■ G

**Ab**

**März 1999**

**<u>neu</u>**

**bei**

**REISE**

**KNOW-HOW!**

Im März 1999 erscheinen:
**Afrikaans, Englisch, Französisch, Italienisch, Spanisch** und **Vietnamesisch.**
Weitere Bände folgen.
Jeder Band:
DM 19,80
SFr 19,30
ÖS 145,00

# ReiseWortSchatz

## – das Wörterbuch zum Kauderwelsch

Hier finden Sie auf ca. 250 Seiten die **6.000 Wörter und Ausdrücke,** die Sie <u>wirklich</u> brauchen, um jede Situation sprachlich zu meistern – egal ob und wie viele Vorkenntnisse Sie haben.

- Neben Grund- und Aufbauwortschatz bieten die Bände ein spezielles, für jedes Land **individuell zusammengestelltes Reise- und Landeskunde-Vokabular.**
- Die **einfach zu lesende Lautschrift,** identisch mit der im Kauderwelsch-Band, macht es überflüssig, die Aussprache extra zu büffeln.
- Hinter jedem Verb finden Sie die kompletten **Gegenwartsformen** sowie das **Partizip Perfekt.**
- Auch **konjugierte Formen** der wichtigsten Verben sind alphabetisch eingeordnet.

# Der Autor

Manfred Malzahn wurde 1955 in Iserlohn geboren – in einer Familie mit zahlreichen internationalen Verknüpfungen einschließlich eines schottischen Zweiges. Sein Studium der Sprach- und Literaturwissenschaft schloß er 1983 mit einer Doktorarbeit über den zeitgenössischen Roman in Schottland ab. Dem Zivildienst beim Goethe-Institut folgten dann Lehrtätigkeiten an Universitäten in Edinburgh/Schottland, Monastir/Tunesien, Sétif/Algerien, Zomba/Malawi und Chia-yi/Taiwan. Zur Zeit ist er Professor an der Universität der Vereinigten Arabischen Emirate in Al-Ain.